極上のシンパルパスタ

具材 **2** 種類 なのに こんなに おいしい

Chef Ropia

はじめに

この本を通じて
みなさんにパスタの楽しさを
知ってほしい

イタリアンというと陽気でワイワイ食べる食事、というイメージがありますが、その中心にはいつもパスタの存在が欠かせません。僕がイタリアンの世界に入った時に、最初に学んだ料理もパスタでした。

立派なコース料理でも提供されますし、手軽なランチとしても愛されています。

パスタの魅力は、懐の深さ、あるいは、イタリアらしい大らかさだと思います。なぜ私たちの食卓にすっかり溶け込んだかといえば、使う食材の自由さにその理由があるのだと思います。パスタに合わない食材はないと言っても過言ではありません。今回は基本的にふたつの食材のポテンシャルを引き出すレシピ作りに挑戦しました。クラシックなイタリア料理のレシピも掲載しましたが、鶏肉やアジといった魚など、スーパーで簡単に手に入るものを使ったレシピもたくさんあります。

そもそも、イタリア料理は郷土料理の寄せ集めです。その土地で取れる旬の食材を使ったパスタがイタリア全土に広がって定着した歴史があります。

そう考えると、日本の食材を使って独自にアレンジするという行為も、もしかしたら、パスタの正しい在り方なのかもしれません。パスタの底知れない魅力をみなさんにお届けできたら幸せです。

CONTENTS

はじめに 002

極上のシンプルパスタとは？ 006

この本で使うパスタいろいろ 008

この本の使い方 009

CHAPTER 1

▶ TOMATO PASTA
トマトパスタ

01 アマトリチャーナ 012

02 タコとオリーブのトマトパスタ 014

03 裁判所のパスタ 016

04 イカとエリンギのトマトパスタ 017

05 アラビアータ 018

06 イカと大根のトマトパスタ 020

07 牛肉とせりのトマトパスタ 022

08 豚ロース肉と白菜のトマトパスタ 023

09 エビとアボカドのトマトパスタ 024

10 マグロと大葉のトマトパスタ 026

11 鶏もも肉と長ねぎのトマトパスタ 027

12 豚バラ肉と焼きナスのトマトパスタ 028

13 サーモンとキャベツのトマトパスタ 030

14 オリーブとケーパーのトマトパスタ 032

15 ツナとわかめのトマトパスタ 033

16 鶏肉とごぼうのトマトパスタ 034

17 栗とさつまいものトマトパスタ 036

18 イワシとカシューナッツのトマトパスタ
.... 038

19 アサリとしょうがのトマトパスタ 039

20 サンマとエリンギのトマトパスタ 040

21 ナスとリコッタチーズのノルマ風パスタ
.... 042

22 鶏ひき肉とレンコンのトマトパスタ 043

23 ムール貝とまいたけのトマトパスタ 044

24 モッツァレラチーズと大葉のトマトパスタ
.... 046

CHAPTER 2

▶ CREAM PASTA
クリームパスタ

25 ウニと玉ねぎのクリームパスタ 048

26 鶏ひき肉とブロッコリーのクリームパスタ
.... 050

27 エビと玉ねぎのクリームパスタ 052

28 ひき肉と白菜のクリームパスタ 053

29 鶏レバーと油揚げの
山椒風味クリームパスタ 054

30 鶏皮とコーンのクリームパスタ 055

31 ハムとツナのミントクリームパスタ 056

32 鶏むね肉ともやしのクリームパスタ 057

33 ベーコンとカブのクリームパスタ 058

34 鶏ハツとアスパラのクリームパスタ 060

35 カキとほうれん草の山椒クリームパスタ
.... 062

36 キャベツのぺぺたまパスタ 064

37 コンビーフとたくあんのクリームパスタ
.... 065

38 豚バラ肉とインゲンのクリームパスタ
.... 066

39 アサリと長ねぎのクリームパスタ 068

40 鶏ささみと梅干しのクリームパスタ 069

41 牛タンと長ねぎのクリームパスタ 070

42 生ハムとサーモンのクリームパスタ 072

CHAPTER 3

▶ OIL PASTA
オイルパスタ

43 目玉焼きとパン粉のオイルパスタ 074

44 アサリとシラスのオイルパスタ 076

45 エビとアボカドのオイルパスタ 077

46 生ハムとブロッコリーのオイルパスタ ... 078

47 スモークサーモンと梅干しのオイルパスタ
.... 080

48 サルシッチャとほうれん草の
オイルパスタ 081

49 牛カルビとじゃがいものオイルパスタ ····· 082

50 ひき肉とケーパーのオイルパスタ ····· 084

51 カキとエリンギのオイルパスタ ····· 085

52 牛タンとピーマンのオイルパスタ ····· 086

53 アジと青のりのペペロンチーノ ····· 088

54 アサリとレモンのボンゴレビアンコ ····· 089

55 サンマと高菜漬けのオイルパスタ ····· 090

56 鶏ささみとぬか漬けのオイルパスタ ····· 092

57 ツナとスパム缶のオイルパスタ ····· 093

58 豚ロース肉とカラスミのオイルパスタ ····· 094

59 シラスと野沢菜のペペロンチーノ ····· 096

60 ホタルイカと豆苗のペペロンチーノ ····· 097

61 オイルサーディンとナスの
オイルパスタ ····· 098

62 鳥皮と長ねぎのオイルパスタ ····· 100

63 シチリア風カレッティエラ ····· 101

64 アワビとカラスミのペペロンチーノ ····· 102

65 カニ缶と万能ねぎのオイルパスタ ····· 104

CHAPTER 4

▶ **CHEESE PASTA**

チーズパスタ

66 カチョエペペ ····· 106

67 パンチェッタとブロッコリーの
チーズパスタ ····· 108

68 焼きパプリカとズッキーニのチーズパスタ
····· 110

69 バターと牛乳のチェダーパスタ ····· 111

70 カルボナーラ ····· 112

71 かぼちゃと小松菜のチーズパスタ ····· 114

72 サバみそ缶とマスカルポーネチーズの
クリームパスタ ····· 116

73 セミドライトマトとスナップエンドウの
チーズパスタ ····· 117

74 ビーツとガーリックのチーズパスタ ····· 118

75 クリームチーズといぶりがっこの
クリームパスタ ····· 120

CHAPTER 5

▶ **JAPANESE PASTA**

和風パスタ

76 豚バラ肉と豆乳の和風スープパスタ ····· 122

77 ホタルイカと春菊の和風パスタ ····· 124

78 タコと小松菜の和風パスタ ····· 126

79 ベーコンとのりの和風ナポリタン ····· 127

80 マダイとインゲンの和風パスタ ····· 128

81 枝豆とインゲンの和風パスタ ····· 130

82 にんじんと福神漬けの和風パスタ ····· 131

83 鮭とたけのこの和風パスタ ····· 132

84 納豆と塩昆布の和風パスタ ····· 134

85 カニみそ缶とアスパラの和風パスタ ····· 135

86 明太子とまいたけの和風パスタ ····· 136

87 のりとわさびの和風パスタ ····· 138

88 キャベツと青ねぎの和風パスタ ····· 139

89 白子とクレソンの和風パスタ ····· 140

90 あん肝と万能ねぎの和風パスタ ····· 142

CHAPTER 6

▶ **ARRANGEMENT PASTA**

アレンジパスタ

91 ホタテとセミドライトマトの冷製パスタ
····· 144

92 タイとオレンジのエスニック風パスタ ····· 146

93 豚ロース肉と小エビのカレー風パスタ ····· 147

94 マジョリーノ風干し鱈と
チャンジャのスープパスタ ····· 148

95 マッシュルームとエリンギの
エスニック風パスタ ····· 150

96 イタリアンパセリとせりのアーリオオーリオ
····· 151

97 鶏モモとハマグリのハーブパスタ ····· 152

98 鶏もも肉とアサリのエスニック風パスタ
····· 154

99 キムチとパクチーのコンキリエ ····· 155

100 メロンとフルーツトマトの冷製パスタ ····· 156

おわりに ····· 158

極上のシンプルパスタとは?

メイン食材はふたつ

パスタ作りは面倒臭い? もしそう思っているのなら、それはあなたの偏見です。本書のレシピで使用するメイン食材は、チーズやトマト、香草を除けば、たったふたつ。冷蔵庫の中にある食材だけで、シンプルだけど、とにかくおいしいパスタが完成します。たくさんの食材を用意しなければおいしいパスタができない。そんな思い込みは今すぐ捨てましょう。

オリーブオイル、チーズ、
唐辛子はちょっと贅沢に

パスタの味を決定づけるもの。それは調味料です。500mlで2000円くらいの良いオリーブオイルは口に入れた瞬間にオリーブの香りが広がります。さらに雑味も少なく、料理の味を引き上げてくれます。パルミジャーノチーズやイタリア産唐辛子も、いつもより少しだけ良いものを使えば間違いなくおいしくなります。シンプルなレシピだからこそ、調味料には少しだけこだわってみませんか?

アレンジは無限大

本書のレシピはごくごくシンプルですが、これで完成というわけではありません。たとえば、香草をアクセントに加えると一気に味わいは変わります。新しい食材でパスタはもっとおいしくなる可能性を秘めていますから、アレンジに思いを馳せるのはとても楽しいものです。ぜひ、あなただけのオリジナルパスタに挑戦してください。

この本で使うパスタいろいろ

TYPES OF PASTA

パスタとはデュラムセモリナ(小麦粉)を原料とした、スパゲッティやマカロニなどの総称です。
基本的にどのパスタを使っても問題ありませんが、
それぞれの個性を知っておくと料理の幅がさらに広がることでしょう。

SPAGHETTI
▶ スパゲティ

日本で最もポピュラーなロングパスタ。細めのスパゲッティはあっさりとしたソース、太めは濃厚なソースとよく合います。本書では1.7mmのものを使用します。

BUCATINI
▶ ブカティーニ

シチリア地方発祥で、穴のあいたストローのような形状の少し太めのスパゲティです。強いコシとモチモチとした食感が特徴です。

CAPELLINI
▶ カペッリーニ

イタリア語で「髪の毛」を意味する、非常に細い種類のパスタです。ゆで時間が短く、のびやすいため冷製パスタに向いています。

PENNE
▶ ペンネ

「ペン先」を意味する穴のあいたショートパスタ。マカロニと混同されることもありますが別物。トマトやクリームソースとよく合います。

CONCHIGLIE
▶ コンキリエ

カンパーニュ州発祥の「貝殻」を意味するパスタです。特徴的な見た目でもわかるように、くぼみと溝にソースがよくからみます。

RIGATONI
▶ リガトーニ

南イタリアのカラブリア州発祥の大きな円筒状のパスタです。厚みがありトマトソースやラグーソースとよく合います。

FARFALLE
▶ ファルファッレ

「蝶」を意味するユニークな形状のパスタ。真ん中と外側で2種類の食感を楽しむことができます。サラダやスープにも使われます。

この本の使い方

008
—
009

レシピ名

POINT・MEMO
押さえておきたい調理のコツやタイミング、アレンジ例について書かれています

本書のレシピの注意点

● 材料は1人分を目安に表記されています。
● 味つけはパスタのゆで汁の塩味で行います。塩加減はお好みで調整してください。
● 表記は大さじ1=15ml、小さじ1=5mlです。
●「ひとつまみ」は、親指、人さし指、中指の3本の先でつまむくらいの分量です。
● パスタをゆでる塩分濃度は1%を目安としてください。
● パルミジャーノレッジャーノ（材料表は「パルミジャーノ」と表記）は粉チーズでも代用可能です。
● トマト缶はひと缶400mlです。
● 洗う、皮をむく、ヘタを取る、砂抜きをするなどの基本的な下準備は省略しています。
● 特に表記がない場合の火加減は中火です。
● 冷蔵に入っていた肉などは、常温に戻してから使ってください。
● フライパンはフッ素樹脂加工などを使用すると失敗が少なくなります。
● レシピには目安となる分量や調理時間を表記していますが、食材や食材のサイズ、調理器具などによって異なりますので、様子を見ながら加減してください。

CHAPTER 1

TOMATO PASTA

トマトパスタ

爽やかな酸味とさっぱりとした後味。
パスタといえばトマトを思い浮かべる方も多いことでしょう。
子供から大人まで広く愛される人気のレシピをご紹介します。

01

アマトリチャーナ

素材の旨味を大事に。シンプルだからこそうまい

使用材料

ブカティーニ	80g
グアンチャーレ(豚のホホ肉の塩漬け)	30g(5mm幅の短冊状にカット)
玉ねぎ	¼個(薄くスライス)
トマト缶	½缶
ペコリーノロマーノ	30g

作り方

> パスタは1%の塩分濃度でゆでる。

1 フライパンにグアンチャーレを入れて、極弱火でじっくりと脂を引き出したら、玉ねぎを加え、グアンチャーレがカリカリになるまで中火でソテーする。

2 トマト缶を入れたら半量になるまで煮詰めて、ゆで上がったパスタ、ペコリーノロマーノを加えて手早く和える。

3 皿に盛り付けたら、たっぷりペコリーノロマーノ(分量外)を散らす。

012 — 013

TOMATO PASTA

POINT

油をひかずにグアンチャーレから出た脂を使って料理することでパスタがさらにおいしくなります。

02

タコとオリーブのトマトパスタ

地中海を思わせる緑と赤の素敵な組み合わせ

TOMATO PASTA

使用材料

- スパゲティ ……………………………… 80g
- タコ（足の部分） ……………………… 50g
  （40gを2cmのぶつ切り、10gを粗みじん切り）
- グリーンオリーブ（種抜き） ……… 10粒（5mm幅にスライス）
- オリーブオイル ………………………… 20g
- にんにく ………………………………… 1片（潰す）
- 唐辛子 …………………………………… 1本
- トマト缶 ………………………………… ½缶
- イタリアンパセリ ……………………… 適量（みじん切り）

作り方

> パスタは1%の塩分濃度でゆでる。

1. オリーブオイルをひいたフライパンににんにく、唐辛子を入れて中火で熱し、香りを引き出したら、粗みじん切りのタコを加えてソテーする（詳しくは下のPOINTにあり）。

2. オリーブの実、トマト缶を加えて、半量になるまで煮詰めたら、ぶつ切りのタコを加えて軽く温める。

3. 2にゆで上がったパスタを加えて和えたら、皿に盛り付け、イタリアンパセリを散らす。

POINT

タコの粗みじん切りはじっくりソテーして旨味を引き出す一方で、ぶつ切りのタコには火を入れすぎないよう注意してください。

裁判所のパスタ

唐辛子の辛さとチーズの旨味を存分に楽しむ
南イタリア・カラブリアの伝統料理

03

使用材料

- スパゲティ ……………………… 80g
- オリーブオイル ………………… 20g
- にんにく ……………… 1片(みじん切り)
- 唐辛子 ………………… 1本(指で潰す)
- トマト缶 ………………………… ½缶
- イタリアンパセリ
  …… 1枝(飾り用を残して粗みじん切り)
- パルミジャーノ ………………… 30g

作り方

> パスタは1%の塩分濃度でゆでる。

1 フライパンにオリーブオイルとにんにくを入れて、にんにくがうっすら色づくまで弱火で香りを引き出したら、唐辛子を加えて辛みと香りを引き出す。

2 トマト缶を加えて中火で熱し、半量になるまで煮詰める。

3 2 にゆで上がったパスタとパルミジャーノを加えて和えたら、塩(分量外)で調味する。皿に盛り付け、仕上げにイタリアンパセリを散らしてオリーブオイル(分量外)をひと回しかける。

MEMO

唐辛子を指で潰すと風味が良くなります。作業をした後は石けんで手をしっかり洗いましょう。

TOMATO PASTA

イカとエリンギのトマトパスタ

イカとエリンギ、歯応えが楽しい意外な組み合わせ

04

使用材料

- スパゲティ　80g
- スルメイカ　½杯
  （胴、ゲソ、内臓に分けて、胴は5mm幅の筒切り、ゲソは食べやすい大きさにカット）
- エリンギ　1本（縦5mm幅にスライス）
- オリーブオイル　20g
- にんにく　1片（潰す）
- 唐辛子　1本（指で潰す）
- トマト缶　½缶
- イタリアンパセリ　適量（みじん切り）
- 黒胡椒　適量

作り方

> パスタは1%の塩分濃度でゆでる。

1. オリーブオイルをひいたフライパンににんにく、唐辛子を入れて中火で熱し、香りを引き出したら、スルメイカの内臓を加え、木べらで潰しながら弱火でソテーする。

2. 1がふつふつと沸いて全体に火が通ったら、中火にしエリンギとイカの胴とゲソを加えて全体をソテーする。

3. トマト缶を加え半量になるまで煮詰める。

4. 3にゆで上がったパスタを加えて手早く和えたら、塩（分量外）で調味し皿に盛り付け、イタリアンパセリを散らして黒胡椒を振りかける。

POINT

内臓を使うことでコクが生まれます。ソースが余ったら冷凍保存するか、ボイルした野菜と合わせてサラダにしてもおいしくいただけます。

05

アラビアータ

日本人にもなじみ深い、イタリア伝統のピリ辛パスタ

使用材料

ペンネ	80g
オリーブオイル	20g
にんにく	1片(みじん切り)
唐辛子	1本(指で潰す)
トマト缶	½缶

作り方

> パスタは1%の塩分濃度でゆでる。

1. オリーブオイルをひいたフライパンににんにくを入れて、うっすら色づくまで弱火で香りを引き出したら、唐辛子を加え、辛みと香りを引き出す。

2. トマト缶を加えて中火で熱し、半量になるまで煮詰める。

3. 2にゆで上がったパスタを合わせ、塩（分量外）で調味したら、皿に盛り付け、仕上げにオリーブオイル（分量外）をひと回しかける。

POINT

パンチのある辛さが特徴のカラブリア産唐辛子を使うと、一気に本場らしい味わいになります。

TOMATO PASTA

06

イカと大根のトマトパスタ

イカのポテンシャルを最大限に引き出した濃厚な味わい

TOMATO PASTA

使用材料

スパゲティ	80g
スルメイカ	½杯
（胴、ゲソ、エンペラ、内臓、墨袋に分けて、胴は5mm幅の筒切り、ゲソとエンペラは食べやすい大きさにカット）	
大根	100g（1cmの角切り）
オリーブオイル	20g
にんにく	1片（みじん切り）
唐辛子	1本
トマト缶	½缶

作り方

> パスタは1%の塩分濃度でゆでる。

1 オリーブオイルをひいたフライパンににんにく、唐辛子を入れて中火で熱し、香りが出てきたらイカの内臓とイカ墨を加えて、じっくりと炒める。火が通ったら、胴、エンペラ、ゲソ、大根を加えてさらに炒める。

2 トマト缶とパスタのゆで汁70ccを加え、半量になるまで煮詰める。大根がまだ硬かったら水（分量外）を加えて、竹串がスッと入るくらい柔らかくなるまで加熱する。

3 2にゆで上がったパスタを合わせたら、皿に盛り付ける。

POINT

イカの内臓とイカ墨も活用して、ソースに深みとコクを出しましょう。イカの旨味を余すことなくいただきます。

牛肉とせりのトマトパスタ

脂の甘みにせりの風味を合わせた唯一無二のパスタ

07

使用材料

- スパゲティ……………………80g
- 牛バラ薄切り肉
   ………60g(食べやすい大きさにカット)
- せり……………4枝(4cm長さにカット)
- オリーブオイル……………………20g
- にんにく……………………1片(潰す)
- 唐辛子……………………………1本
- トマト缶………………………½缶
- 黒胡椒……………………………適量
- イタリアンパセリ…適量(みじん切り)

作り方

> パスタは1%の塩分濃度でゆでる。

1. オリーブオイルをひいたフライパンににんにく、唐辛子を入れて中火で熱し、香りを引き出したら、牛バラ肉をソテーする。

2. 全体に火が通ったらトマト缶を加えて、半量になるまで煮詰める。

3. パスタがゆで上がる1分前に、2 にせりを加えて加熱。ゆで上がったパスタと合わせて、塩味が足りなければ塩(分量外)で調味。皿に盛り付けたら、黒胡椒とイタリアンパセリを散らす。

POINT
せりは加熱しすぎると食感がなくなってしまうため、投入するタイミングがとても大事です。

豚ロース肉と白菜のトマトパスタ

豚肉と白菜の甘さをトマトの酸味が際立たせます

08

使用材料

- スパゲティ　80g
- 豚ロース薄切り肉　40g
- 白菜　50g（食べやすい大きさにカット）
- オリーブオイル　20g
- にんにく　1片（みじん切り）
- トマト缶　½缶

作り方

パスタは1%の塩分濃度でゆでる。途中で豚肉をカットし、しゃぶしゃぶする。

1 オリーブオイルをひいたフライパンににんにくを入れて中火で熱し、香りを引き出したら、トマト缶と白菜を加えて、半量程度になるまで煮詰める。

2 1のフライパンにしゃぶしゃぶした豚肉を加える。

3 2にゆで上がったパスタを加えたら、サッと和えて、皿に盛り付ける。

POINT
パスタのゆで汁の中でしゃぶしゃぶをすることで、余分な脂が落ちてスッキリとした味わいに。もちろんヘルシーになります。

09

エビとアボカドのトマトパスタ

エビの旨味はトマトには負けません

TOMATO PASTA

使用材料

スパゲティ	80g
殻付きエビ	3尾（殻をむいて、身を3cm幅にカット）
アボカド	½個(1cmの角切り)
オリーブオイル	20g
にんにく	1片(潰す)
トマト缶	½缶

作り方

> パスタは1%の塩分濃度でゆでる。

1. オリーブオイルをひいたフライパンににんにくを入れて中火で熱し、香りが出てきたらにんにくは取り出す。

2. エビの殻のみを入れてじっくりソテーし、香りを引き出したら、パスタのゆで汁50ccを加え、3分ゆでる。殻から旨味を引き出したら、殻を取り出す。

3. トマト缶を入れたら半量程度まで煮詰め、エビの身を加えて1分加熱する。

4. 3にゆで上がったパスタとアボカドの半量を合わせる。盛り付け直前で残りのアボカドを加えて和えたら、皿に盛り付ける。

POINT

エビは殻付きを選び、殻からエビの旨味を抽出してオイルに移しましょう。エビ特有の香りが口いっぱいに広がるはずです。

マグロと大葉のトマトパスタ

刺し身の主役をたまには違う食べ方で楽しんでください

10

使用材料

- スパゲティ……………………80g
- マグロ(柵)……………80g(2cm幅にスライス)
- オリーブオイル………………20g
- にんにく……………………1片(潰す)
- トマト缶……………………½缶
- 大葉…………………………3枚(せん切り)

作り方

> パスタは1%の塩分濃度でゆでる。

1. オリーブオイルをひいたフライパンににんにくを入れて中火で熱し、香りを引き出す。

2. マグロとトマト缶を加えて、半量まで煮詰める。

3. 2にゆで上がったパスタを加えて、マグロは食べやすい大きさになるようトングなどで崩しながら和える。皿に盛り付け、大葉をトッピングする。

MEMO

マグロだけだと淡白な味わいなので、大葉を入れて味の奥行きを作ります。ローズマリーやフェンネルなどを使うとさらにイタリア料理感が増すでしょう。

鶏もも肉と長ねぎのトマトパスタ

子どもがねぎを好きになるかもしれません

11

TOMATO PASTA

使用材料	作り方

使用材料
- スパゲティ............80g
- 鶏もも肉............½枚分
- 長ねぎ（白い部分）
  ....¼本程度（1cm幅にカット）
- オリーブオイル............20g
- にんにく............1片（潰す）
- 唐辛子............1本
- トマト缶............½缶

作り方

> パスタは1%の塩分濃度でゆでる。

1 オリーブオイルをひいたフライパンににんにくを入れて中火で熱し、香りを引き出したら、唐辛子を加えて10秒加熱。にんにくと唐辛子は取り出す。

2 鶏肉の皮目を下にして1に入れ、弱火で皮がパリッとするまでソテーする。鶏肉を一旦取り出してひと口大にカットしたら、長ねぎと一緒に戻し入れる。

3 トマト缶を加え、中火にして半量程度になるまで煮詰める。ゆで上がったパスタを合わせたら、皿に盛り付ける。

POINT
鶏もも肉は皮をしっかりとソテーすることで香ばしさを出すと同時に臭みが残らないようにしています。長ねぎも焼き色がつくまで焼くと甘さと風味がアップします。

12

豚バラ肉と焼きナスの
トマトパスタ

焼きナスは直火で焼くのがうまい

TOMATO PASTA

使用材料

スパゲティ	80g
豚バラ薄切り肉	40g(3cm幅にカット)
ナス	1本
オリーブオイル	20g
にんにく	1片(潰す)
トマト缶	½缶
塩	適量

作り方

> パスタは1％の塩分濃度でゆでる。

1. ナスは中火で表裏2分ずつひっくり返しながら直火焼きをして、水で洗いながら皮をむく。

2. オリーブオイルをひいたフライパンににんにくを入れて中火で熱し、香りを引き出したら、豚バラ肉を加えて、強火で全体をサッと炒める。すぐにトマト缶を加えて、半量程度になるまで中火で煮詰める。

3. 2に焼きナスを加えて軽くくずし、ゆで上がったパスタを合わせて、塩で調味してから盛り付ける。

POINT

丸焦げになるくらいにナスを焼いたら、水で洗い流しながら皮をむきます。直火でナスを焼くことで香ばしさとジューシーさを同時に味わえます。

13

サーモンとキャベツのトマトパスタ

甘いキャベツとサーモンの相性に全面降伏

使用材料

スパゲティ	80g
キャベツ	50g
（40gを3〜4cm四方にカット、葉先の10gを3mm幅のせん切り）	
サーモン	80g(食べやすい大きさにカット)
オリーブオイル	20g
にんにく	1片(薄くスライス)
唐辛子	1本
トマト缶	½缶

作り方

> パスタは1％の塩分濃度でゆでる。

1. オリーブオイルをひいたフライパンににんにくを入れて中火で熱し、香りを引き出したら唐辛子も加えて10秒ほど加熱する。

2. 3〜4cm四方にカットしたキャベツを1に加え、焼き色がつくまでソテーする。

3. サーモン、トマト缶を加えて、半量になるまで煮詰める。

4. 3にゆで上がったパスタを加えてサッと和える。皿に盛り付けたら、せん切りキャベツをトッピングする。

TOMATO PASTA

POINT

キャベツのように部位によって硬さに違いがある野菜は、カット方法を使い分けて使うと、ひとつの食材で食感の違いを楽しめるので非常にお得です。

オリーブとケーパーのトマトパスタ

オリーブとケーパーだけで作れるひと皿

14

使用材料

スパゲティ	80g
オリーブの実(種なし)	10粒(潰す)
ケーパー	15粒
オリーブオイル	20g
にんにく	1粒(みじん切り)
唐辛子	1本
トマト缶	½缶
乾燥オレガノ	適量

作り方

> パスタは1%の塩分濃度でゆでる。

1. オリーブオイルをひいたフライパンににんにく、唐辛子を入れて中火で熱し、香りを引き出したら、オリーブの実、ケーパー、トマト缶を加えて、半量になるまで煮詰める。

2. 1にゆで上がったパスタを加えて和えたら、皿に盛り付け、仕上げにオレガノを散らす。

POINT

シンプルなパスタなので、トマトの旨味をギュッと濃縮させることがとても大事です。このひと手間がパスタの仕上がりを左右すると言ってもいいでしょう。

ツナとわかめのトマトパスタ

トマトなのに和風。磯の香りが食欲をそそります

15

使用材料		
	スパゲティ	80g
	ツナ缶(オイル漬け)	1缶(100g)
	カットわかめ	5g
	オリーブオイル	20g
	にんにく	1片(薄くスライス)
	唐辛子	1本
	トマト缶	½缶
	水	40cc

作り方

> パスタは1%の塩分濃度でゆでる。

1 オリーブオイルをひいたフライパンににんにくを入れて中火で熱し、香りを引き出したら、唐辛子を加えて10秒ほど加熱する。

2 ツナ缶は汁ごと加えてサッと炒める。水、カットわかめを加えて、さらに炒める。

3 水分がなくなってきたら、トマト缶を加えて半量になるまで煮詰める。ゆで上がったパスタを合わせたら、皿に盛り付ける。

POINT

ツナはしっかりと炒めて、生臭さを飛ばしましょう。カットわかめは水で戻さず、フライパンの中で食材の旨味を吸わせます。調理しながらわかめを戻すと時短にもなります。

16

鶏肉とごぼうのトマトパスタ

香りの良いごぼうが、うまさと食感に大活躍

TOMATO PASTA

使用材料

スパゲティ	80g
鶏もも肉	½枚
ごぼう	5cm(ささがき)
オリーブオイル	50g
にんにく	1片(潰す)
唐辛子	1本
トマト缶	½缶
イタリアンパセリ	適量(みじん切り)
黒胡椒	適量

作り方

> パスタ湯は塩分濃度1%で準備しておく。

1. オリーブオイルをひいたフライパンににんにく、ごぼうのささがきをひとつまみ分入れて中火で熱し、ごぼうがカリッとするまで揚げ焼きにしたら、ごぼうだけを取り出してキッチンペーパーなどにのせて油をきっておく。

2. 1に唐辛子、鶏肉、残りのごぼうを加えてソテーする。鶏肉に火が入ったら鶏肉を一旦取り出し、1cmの角切りにしてフライパンに戻し入れ、トマト缶を加えて半量になるまで煮詰める。

3. 2にゆで上がったパスタを加えて和える。塩(分量外)で調味して皿に盛り付け、仕上げにイタリアンパセリと黒胡椒を振り、1の素揚げしたごぼうをのせる。

POINT

ささがきにしたごぼうは、ソースとトッピングで活用します。

17

栗とさつまいもの
トマトパスタ

さつまいもの甘みがトマトソースをご馳走に格上げ

使用材料

スパゲティ	80g
むき甘栗	5粒程度(半分にカット)
さつまいも	50g
(半量を1cmの角切り、残りを3mm厚さの短冊状にカット)	
オリーブオイル	20g
にんにく	1片
唐辛子	1本
トマト缶	½缶

作り方

> パスタは1%の塩分濃度でゆでる。

1 パスタをゆでている鍋で、角切りのさつまいもをザルに入れて5分ゆで、引き上げる。

2 フライパンに短冊状のさつまいもを入れて、竹串がスッと入るくらいになるまで弱火でじっくり焼く。

3 別のフライパンにオリーブオイルをひいて、にんにく、唐辛子を入れて中火で熱し、香りを引き出したら、トマト缶と栗を加えて、半量程度になるまで煮詰める。

4 パスタとさつまいもがゆで上がったら、3に加えて混ぜ合わせ、皿に盛り付ける。仕上げに2で焼いたさつまいもを添える。

TOMATO PASTA

POINT

さつまいもは切り方を変えた2種類使いがポイント。2の工程では、オイルを使わずフライパンで焼き付けて香ばしさを引き出しています。

イワシとカシューナッツのトマトパスタ

18

イワシとナッツの力強いうまさに感動するひと皿

使用材料	
スパゲティ	80g
オリーブオイル	20g
にんにく	1片（みじん切り）
唐辛子	1本
トマト缶	½缶
カシューナッツ	20g（半分にカット）
イワシ	1尾（3枚におろす）

作り方

> パスタは1%の塩分濃度でゆでる。

1. オリーブオイルをひいたフライパンににんにく、唐辛子を入れて中火で熱し、香りが出てきたらイワシを加える。

2. イワシを崩しながらじっくりと炒める。さらにカシューナッツを加えてしっかりと油となじませたら、トマト缶を加えて半量になるまで煮詰める。

3. 2にゆで上がったパスタを合わせて、皿に盛り付ける。

POINT
焦げ目がつくくらいしっかりとソテーして生臭みを飛ばしたイワシは、ナッツの香ばしさと合わせると抜群のうまさを発揮します。ナッツは他の種類でも代用できます。

アサリとしょうがのトマトパスタ

トマトソースとしょうがが、こんなに相性いいなんて！

19

使用材料		作り方	パスタは1%の塩分濃度でゆでる。

使用材料
- スパゲティ……………………80g
- アサリ…………………………15個
- しょうが………………………3g
  （みじん切り。すこしだけトッピング用にせん切りにする）
- オリーブオイル………………20g
- にんにく……1片（みじん切りにする）
- 唐辛子…………………………1本
- トマト缶………………………½缶
- 水………………………………70cc

作り方

パスタは1%の塩分濃度でゆでる。

1 オリーブオイルをひいたフライパンににんにく、唐辛子を入れて中火で熱し、香りを引き出したら、アサリ、しょうが、水を加えてふたをする。

2 アサリの殻が開いたら殻ごと取り出し、トマト缶を加えて、半量になるまで煮詰める。

3 2にゆで上がったパスタとアサリを戻し入れ、全体を和える。皿に盛り付け、仕上げにせん切りのしょうがをトッピングする。

POINT
アサリは一度フライパンから取り出して、火を入れすぎて硬くならないようにします。

20

サンマとエリンギの
トマトパスタ

ほろ苦い秋の味覚と香り高いきのこの競演

使用材料		
	スパゲティ	80g
	サンマ	1尾
	（3枚におろして小骨を抜く。内臓も捨てずに取り置く）	
	エリンギ	1本
	（トッピング用に縦に2枚スライスしたものを乾煎りし、残りは5mm厚さにカットする）	
	オリーブオイル	20g
	にんにく	1片（みじん切り）
	唐辛子	1本
	トマト缶	½缶

作り方

> パスタは1%の塩分濃度でゆでる。

1. オリーブオイルをひいたフライパンににんにく、唐辛子を入れて中火で熱し、香りを引き出したら、サンマの身と内臓を入れて、身を崩しながらしっかりとソテーする。

2. トマト缶と細くカットしたエリンギを入れて、半量程度になるまで煮詰める。

3. 2にゆで上がったパスタを合わせたら皿に盛り付けて、仕上げに乾煎りしたエリンギをトッピングする。

POINT

サンマは丸1本を用意して、内臓もソースに入れます。内臓はしっかりソテーして生臭みを残さないように注意しましょう。

ナスとリコッタチーズのノルマ風パスタ

南イタリアを感じるひと皿はナスの火入れがポイント

21

使用材料	
スパゲティ	80g
ナス	1本(乱切り)
オリーブオイル	20g
にんにく	1片(潰す)
唐辛子	1本
トマト缶	½缶
リコッタチーズ	70g
黒胡椒	適量
サラダ油	適量

作り方

> パスタは1%の塩分濃度でゆでる。

1. フライパンにサラダ油を180℃に熱し、ナスを焼き色がつく程度まで素揚げして、キッチンペーパーなどにのせ、油をきっておく。

2. オリーブオイルをひいたフライパンににんにく、唐辛子を入れて香りを引き出したら、トマト缶と、ナスの⅔量を加えて半量になるまで煮詰める。

3. 2にゆで上がったパスタを合わせ、塩(分量外)で調味し皿に盛り付けたら、残りのナスとリコッタチーズをトッピングする。

POINT
乱切りをしたナスは茶色くなるまで素揚げして、しっかりと油を吸わせることが大事です。

鶏ひき肉とレンコンのトマトパスタ

ひき肉と根菜の歯応えが楽しいひと皿

22

使用材料		
	スパゲティ	80g
	鶏ひき肉	50g
	レンコン	20g
	（1cm厚さのいちょう切り）	
	オリーブオイル	20g
	にんにく	1片(潰す)
	唐辛子	1本
	トマト缶	½缶

作り方

> パスタは1%の塩分濃度でゆでる。同じ湯でレンコンを柔らかくなるまでゆでる。

1 オリーブオイルをひいたフライパンににんにくを入れて中火で熱し、香りを引き出したら唐辛子も加えて10秒加熱し、にんにくは取り出す。

2 鶏ひき肉を加えて、全体が白っぽくなるまで炒めたら、トマト缶を入れて水分がなくなるまで煮詰める。

3 2 にゆで上がったパスタとレンコンを合わせる。その際にパスタのゆで汁20ccを加えて水分量を調整する。全体をサッと混ぜ合わせたら、皿に盛り付ける。

POINT
鶏ひき肉を使うと、あっさりテイストに仕上がります。もっと旨味を前面に出したい場合は牛や豚のひき肉を使うといいでしょう。

23

ムール貝とまいたけの
トマトパスタ

貝ときのこのマリアージュに心から乾杯

TOMATO PASTA

使用材料

スパゲティ	80g
ムール貝	8個
まいたけ	50g（手で大きめに裂く）
オリーブオイル	20g
にんにく	1片（潰す）
唐辛子	1本
トマト缶	½缶
イタリアンパセリ	適量（みじん切り）

作り方

> パスタは1％の塩分濃度でゆでる。

1 小鍋にムール貝とまいたけ、水40cc（分量外）を入れてふたをしたら弱火で3分加熱する。

2 オリーブオイルをひいたフライパンににんにく、唐辛子を入れて中火で熱し、香りを引き出したら、トマト缶を入れてひと煮立ちさせる。

3 2に1を汁気ごと加え、ゆで上がったパスタを合わせる。皿に盛り付け、仕上げにイタリアンパセリを散らす。

POINT

ムール貝はあまり火を入れすぎないほうがいいでしょう。最初に蒸し焼きにすることでふっくら仕上がります。

TOMATO PASTA

モッツァレラチーズと大葉の
トマトパスタ

さっぱりとしたモッツァレラと大葉の爽快感を楽しむ

24

使用材料

ファルファッレ	80g
大葉	3枚(せん切り)
モッツァレラチーズ	30g(ひと口大に手でちぎる)
オリーブオイル	20g
にんにく	1片(みじん切り)
トマト缶	½缶

作り方

> パスタは1%の塩分濃度でゆでる。

1. オリーブオイルをひいたフライパンににんにくを入れて中火で熱し、香りが出てきたらトマト缶を加えて、半量になるまで煮詰める。

2. 1にゆで上がったパスタと大葉の半量、チーズの半量を加えてサッと混ぜ合わせ、皿に盛り付ける。仕上げに残りの大葉と、チーズをトッピングする。

MEMO

大葉のせん切りは調理の直前に行うと、より豊かな香りが楽しめます。

CHAPTER 2
CREAM PASTA

クリームパスタ

旨味たっぷりのクリームを使ったパスタの満足感は言葉にできません。
少ない食材で作るレシピだからこそ、積極的に取り入れ、
ご馳走と呼ぶにふさわしいひと皿にしましょう。

25

ウニと玉ねぎのクリームパスタ

ウニの濃厚な味わいと、その奥で香る柚子が特別感を演出

使用材料

スパゲティ	80g
ウニ	50g
玉ねぎ	¼個(みじん切り)
オリーブオイル	20g
にんにく	1個(潰す)
乾燥柚子刻み	適量
A　生クリーム	30cc
牛乳	30cc
パルミジャーノ	30g

作り方

> パスタは1%の塩分濃度でゆでる。

1. オリーブオイルをひいたフライパンににんにくを入れて中火で熱し、香りが出てきたらにんにくを取り出す。

2. 玉ねぎを入れて甘みを引き出すように弱火でじっくりとソテーし、玉ねぎが透き通ってきたらパスタのゆで汁20ccを加える。

3. 2にA加えたら沸騰寸前で火を止め、ウニの半量と、乾燥柚子刻みをひとつまみ加えて、軽くなじませる。

4. 3にゆで上がったパスタを合わせたら皿に盛り付け、残りのウニの半量と乾燥柚子刻みをトッピングする。

POINT

甘さが特徴のウニですが、熱が入りすぎるとボソボソしてしまうため、フライパンに入れてからはあまり加熱しないように。

26

鶏ひき肉とブロッコリーの
クリームパスタ

疲れた時に食べたくなるやさしい味わい

使用材料

スパゲティ	80g
鶏ひき肉	50g
ブロッコリー	½房
（小房に分け、茎は硬い皮をむいて5mm厚さにスライス）	
オリーブオイル	20g
にんにく	1片(みじん切り)
黒胡椒	適量
A　生クリーム	30cc
牛乳	30cc
パルミジャーノ	30g

作り方

> パスタは1%の塩分濃度でゆでる。

1　パスタをゆでている鍋でブロッコリーをザルに入れて一緒にゆでる。竹串がスッと入るまで柔らかくなったら引き上げる。

2　オリーブオイルをひいたフライパンににんにくを入れて中火で熱し、香りが出てきたら、鶏ひき肉を入れて炒める。ひき肉に火が通ったらブロッコリーを加えてフォークで潰し、Aを加えて全体をなじませる。

3　2にゆで上がったパスタを合わせたら、皿に盛り付けて、仕上げに黒胡椒を振りかける。

POINT

ブロッコリーはくたくたになるまでゆでてからソースとして使いますので、ゆで時間は気にしないで大丈夫です。

CREAM PASTA

エビと玉ねぎのクリームパスタ

エビの旨味と玉ねぎの甘さは間違いない組み合わせ

27

使用材料

スパゲティ	80g
有頭エビ	1尾

（頭と殻を外し、身を2cm幅にカット）

玉ねぎ	¼個

（半量をみじん切り、残りをスライスする）

オリーブオイル	20g
にんにく	1片（みじん切り）
黒胡椒	適量

A
生クリーム	30cc
牛乳	30cc
パルミジャーノ	30g

作り方

> パスタは1％の塩分濃度でゆでる。

1 オリーブオイルをひいたフライパンにエビの頭と殻を入れて、弱火でじっくり炒めて香りを引き出す。

2 頭と殻が赤くなり香りが出てきたら頭と殻を取り出し、にんにく、玉ねぎのみじん切りを入れる。弱火でソテーして玉ねぎの甘さを引き出す。

3 2 に玉ねぎのスライスとエビの身を加えたら中火にして、玉ねぎの食感が残るようサッと炒めたら A を加えて2分ほど温める。ゆで上がったパスタを合わせたら、皿に盛り付けて、仕上げに黒胡椒を振りかける。

POINT
玉ねぎの切り方を2種類にして、食感にバリエーションを出しましょう。

ひき肉と白菜のクリームパスタ

白菜とクリームの相性はいつだって最高に決まってる

28

使用材料		
	スパゲティ	80g
	合いびき肉	40g
	白菜	1枚
	（葉先の柔らかい部分は食べやすい大きさにカット、軸の硬い部分は1cmの角切り）	
	オリーブオイル	20g
	にんにく	1片(潰す)
A	生クリーム	30cc
	牛乳	30cc
	パルミジャーノ	30g

作り方

> パスタは1%の塩分濃度でゆでる。パスタがゆで上がる直前に白菜の葉先をゆでる。

1 オリーブオイルをひいたフライパンににんにくを入れて中火で熱し、香りが出てきたらにんにくを取り出す。

2 ひき肉を加えたら、あまり触らないようにして、何度か上下を返しながら焼き色をつける。

3 ひき肉に火が通ったら角切りの白菜とパスタのゆで汁20ccを加える。フライパンについた旨味をこそげながら炒め or 加熱し、Aを加えて温める。

4 ゆで上がったパスタと白菜を加えて混ぜ合わせ、皿に盛り付ける。

POINT
ひき肉はしっかりと焼き色をつけて、旨味をアップさせましょう。

鶏レバーと油揚げの山椒風味クリームパスタ

29

油揚げとレバーの意外な組み合わせをクリームと山椒がまとめます

使用材料

スパゲティ	80g
鶏レバー	3個
（下処理をして1cm厚さにスライス）	
油揚げ	1枚（1cm幅にカット）
オリーブオイル	20g
にんにく	1片（みじん切り）
粉山椒	適量
A 生クリーム	30cc
牛乳	30cc
パルミジャーノ	30g

作り方

パスタは1%の塩分濃度でゆでる。

1. オリーブオイルをひいたフライパンににんにくを入れて中火で熱し、香りが出てきたら下処理をした鶏レバーと油揚げを加えて焼き色をつけるようにソテーする。

2. 1にAを加え、山椒をひと振りして温める。

3. 2にゆで上がったパスタを合わせたら皿に盛り付けて、さらに山椒を数回振りかける。

POINT

鶏レバーは一度開き、臭みのもととなる血のかたまりを取りのぞきましょう。この処理をするとしないとでは仕上がりが大きく変わります。

鶏皮とコーンのクリームパスタ

コーンの旨味と甘さ爆発、子どもが喜ぶご馳走パスタ

30

使用材料

スパゲティ	80g
鶏皮	むね肉またはもも肉1枚分程度（1cm幅にカット）
コーン缶	½缶（約100g）
オリーブオイル	20g
にんにく	1片（潰す）
粉山椒	適量
A 生クリーム	30cc
牛乳	30cc
パルミジャーノ	30g

作り方

パスタは1%の塩分濃度でゆでる。

1. オリーブオイルをひいたフライパンに、にんにく、鶏皮を入れて、弱火でじっくりとソテーする。にんにくは香りが出てきたら取り出す。

2. 鶏皮がカリッとしてきたら、コーン缶を汁ごと加える。さらにAを加え、とろみが出るまで軽く煮詰める。

3. 2にゆで上がったパスタを合わせたら皿に盛り付け、山椒を振りかける。

POINT
汁ごと使うことでコーンの持つ甘さをパスタ全体にまとわせておいしく仕上がります。

ハムとツナの
ミントクリームパスタ

ミントの爽やかな香りでワンランク上の仕上がりに

31

使用材料

スパゲティ	80g
オリーブオイル	20g
にんにく	1片(みじん切り)
ハム	3枚(1cm幅にカット)
ツナ缶(オイル漬け)	½缶(35g)
乾燥ミント	適量
黒胡椒	適量
A 生クリーム	30cc
牛乳	30cc
パルミジャーノ	30g

MEMO

ツナ缶はオイル漬けのほうがコクが出ます。ハムとツナだけではあっさりしすぎるので、ミントを入れて爽やかなひと皿に仕上げました。

作り方

> パスタは1%の塩分濃度でゆでる。

1. オリーブオイルをひいたフライパンににんにくを入れて中火で熱し、香りが出てきたらハムとツナ缶を汁ごと加えてサッと炒める。

2. 1にAを加え、乾燥ミントをふた振りして温め、全体をなじませる。

3. 2にゆで上がったパスタを合わせたら皿に盛り付けて、仕上げに黒胡椒と乾燥ミントを振りかける。

鶏むね肉ともやしのクリームパスタ

クリームに溶け込んだ鶏の旨味ともやしの食感

32

使用材料

スパゲティ	80g
鶏むね肉	½枚
（皮をはがし、皮は1cm幅にカット、肉部分は5mm厚さにスライス）	
もやし	30g
オリーブオイル	20g
にんにく	1片（潰す）
A 生クリーム	30cc
牛乳	30cc
パルミジャーノ	30g

作り方

> パスタは1%の塩分濃度でゆでる。

1. オリーブオイルをひいたフライパンににんにく、鶏皮を入れて、弱火でじっくりとソテーする。

2. にんにくの香りが出てきたらにんにくを取り出し、鶏むね肉のスライス、もやしを加えて、弱火で上下を返しながら軽くソテーする。

3. 全体に火が通ったらAを加えて沸騰直前で火を止める。ゆで上がったパスタを合わせたら、皿に盛り付ける。

POINT

鶏皮はしっかり炒めて、旨味を引き出してください。むね肉にはあまり火が入らないように気をつけましょう。

33

ベーコンとカブの
クリームパスタ

カブの甘さとベーコンの燻製香が味に奥行きを与えます

使用材料

スパゲティ	80g
ベーコン（ブロック）	30g（1cmの角切り）
小カブ	1個
（皮をむいたら上下に切り分け、下部分は4等分にカット、上部分は茎を3cm程度残して8等分にカット）	
オリーブオイル	20g
にんにく	1片（潰す）
黒胡椒	適量
A　生クリーム	30cc
牛乳	30cc
パルミジャーノ	30g

作り方

> パスタは1％の塩分濃度でゆでる。

1. パスタをゆでている鍋で下部分のカブもザルに入れて一緒にゆで、竹串がスッと入る程度になったら引き上げる。

2. オリーブオイルをひいたフライパンににんにくを入れて中火で熱し、香りが出てきたらにんにくを取り出して、ベーコンをソテーする。

3. ゆでた下部分のカブを加えてへらなどで軽く潰す。

4. Aと上部分のカブを加えて、弱火で2分加熱する。ゆで上がったパスタを合わせたら、皿に盛り付けて黒胡椒を振りかける。

CREAM PASTA

POINT

カブは茎の部分も使うことで、食感のアクセントになり、また見た目に彩りを添えてくれます。

34

鶏ハツとアスパラの
クリームパスタ

鶏ハツとクリームの組み合わせに感じる新たな可能性

使用材料

スパゲティ	80g
鶏ハツ	3個（下処理をして、5mm幅にカット）
アスパラガス	2本
（1本は斜め切り、もう1本はピーラーを使って細長くスライス）	
オリーブオイル	20g
にんにく	1片（みじん切り）
A　生クリーム	30cc
牛乳	30cc
パルミジャーノ	30g

作り方

> パスタは1％の塩分濃度でゆでる。パスタがゆで上がる1分前にスライスしたアスパラガスを加えてゆでる。

1. オリーブオイルをひいたフライパンににんにくを入れて中火で熱し、香りが出てきたら、鶏ハツを加えてしっかりと火を通す。

2. ハツがプリッとしたら、斜め切りにしたアスパラガスとAを加えて弱火にし、2分加熱する。

3. 2にゆで上がったパスタとアスパラガスを加えて混ぜ合わせ、皿に盛り付ける。

POINT

ハツは白い脂肪を取りのぞき、真ん中に切り込みを入れて開き、臭みの原因となる血のかたまりをしっかりと取りのぞきましょう。仕上がりが抜群に良くなります。

060-061

CREAM PASTA

35

カキとほうれん草の山椒クリームパスタ

カキとほうれん草とクリーム。魅惑の三位一体

使用材料

スパゲティ	80g
カキ	4個
ほうれん草	1株(3cm幅のざく切り)
オリーブオイル	20g
にんにく	1片(みじん切り)
粉山椒	適量
黒胡椒	適量
A 生クリーム	30cc
牛乳	30cc
パルミジャーノ	30g

作り方

> パスタは1%の塩分濃度でゆでる。パスタがゆで上がる1分前にほうれん草を加えてゆでる。

1. オリーブオイルをひいたフライパンににんにくを入れて中火で熱し、香りが出てきたら弱火にして、カキをやさしくソテーする。

2. Aを加えたら、山椒をひと振りして、弱火で温める。

3. 2にゆで上がったパスタと水気を絞ったほうれん草を加えて混ぜ合わせたら、皿に盛り付け、仕上げに黒胡椒と山椒を振りかける。

POINT

1の段階でカキは火を入れすぎないこと。カキがぷっくりと膨らむのが目安です。

CREAM PASTA

キャベツのぺぺたまパスタ

手早くできるから腹ペコの若者も大満足

36

使用材料		
	スパゲティ	80g
	オリーブオイル	20g
	キャベツ	50g
	（食べやすい大きさに手でちぎる）	
	卵	1個(溶く)
	にんにく	1片(みじん切り)
	唐辛子	1本
	黒胡椒	適量
A	生クリーム	30cc
	牛乳	30cc
	パルミジャーノ	30g

作り方

> パスタは1%の塩分濃度でゆでる。

1 オリーブオイルをひいたフライパンにキャベツを入れて、強火で焼き付けるように炒める。キャベツがしんなりとしたら、にんにく、唐辛子を加えて、香りを引き出す。

2 弱火にし、パスタのゆで汁20ccとAを加えて温め、なじませる。

3 2に卵を加えたら軽く火を通し、ゆで上がったパスタを合わせて皿に盛り付け、仕上げに黒胡椒を多めに振りかける。

POINT
卵のとろとろ感がこのパスタの決め手です。卵が固まらないよう、3の工程の際は十分に気をつけてください。

コンビーフとたくあんの
クリームパスタ

乳酸発酵のたくあんと熟成させたコンビーフの名コンビ

37

使用材料

スパゲティ	80g
コンビーフ缶	½缶 40g
たくあん	20g(みじん切り)
オリーブオイル	20g
にんにく	1片(みじん切り)
黒胡椒	適量
乾燥オレガノ	適量
A 生クリーム	30cc
牛乳	30cc
パルミジャーノ	30g

作り方

> パスタは1%の塩分濃度でゆでる。

1. オリーブオイルをひいたフライパンににんにくを入れて中火で熱し、香りが出てきたらコーンビーフ缶を入れて、温める程度に軽くソテーする。

2. たくあんとAを加えたら全体をなじませる。

3. 2にゆで上がったパスタを合わせたら、皿に盛り付けて、仕上げに黒胡椒とオレガノを散らす。

MEMO

たくあんは昔ながらのものがオススメですが、子どもでも食べられる甘いたくあんでもやさしい味わいに仕上がります。

38

豚バラ肉とインゲンの クリームパスタ

色味、ボリューム、栄養バランスすべて完璧

使用材料

スパゲティ	80g
豚バラ薄切り肉	30g(5cm幅にカット)
インゲン	5本(斜めに3等分する)
オリーブオイル	20g
にんにく	1片(みじん切り)
黒胡椒	適量
A 生クリーム	30cc
牛乳	30cc
パルミジャーノ	30g

作り方

> パスタは1%の塩分濃度でゆでる。

1. オリーブオイルをひいたフライパンににんにくを入れて、香りが出てきたら豚バラ肉を加えて、両面にしっかりと焼き色をつける。

2. インゲン豆とパスタのゆで汁30ccを加えて、フライパンについた旨味をこそげながら加熱する。

3. 2にAを加えて2分ほど温める。ゆで上がったパスタを合わせたら、皿に盛り付け、仕上げに黒胡椒を振りかける。

POINT

豚バラ肉は焼き色がしっかりとつくように焼いて、香ばしさと旨味をアップさせましょう。

アサリと長ねぎのクリームパスタ

クラムチャウダーをイメージした贅沢なひと皿。

39

使用材料

スパゲティ	80g
アサリ	15個
長ねぎ	1/3本（2cm幅にカット）
オリーブオイル	20g
にんにく	1片（潰す）
黒胡椒	適量
A 生クリーム	30cc
牛乳	30cc
パルミジャーノ	30g

MEMO

殻から外した後もアサリは取り出さず、ソースにしっかりと旨味をうつしましょう。

作り方

> パスタは1%の塩分濃度でゆでる。

1. オリーブオイルをひいたフライパンににんにくを入れて中火で熱し、香りが出てきたらにんにくを取り出す。長ねぎを入れ、表面にうっすら焼き色がつくまでソテーする。

2. アサリと水50cc（分量外）を加えて、フライパンのふたをして加熱する。アサリの口が開いたら殻を外してフライパンに戻す。

3. 2にAを加えて2分ほど温める。ゆで上がったパスタを合わせたら、皿に盛り付け、仕上げに黒胡椒を振りかける。

鶏ささみと梅干しのクリームパスタ

シンプルだけど奥深い、これが梅干しマジック

使用材料

- スパゲティ……………………80g
- 鶏ささみ………………………1本
- 梅干し………2個(種をのぞき包丁で叩く)
- オリーブオイル………………20g
- にんにく……………1片(みじん切り)
- 乾燥バジル……………………適量
- A
  - 生クリーム…………………30cc
  - 牛乳…………………………30cc
  - パルミジャーノ……………30g

作り方

> パスタは1%の塩分濃度でゆでる。

1. パスタをゆでている鍋で鶏ささみも一緒に3分ゆでて、取り出したら粗熱をとり、手で裂いておく。

2. オリーブオイルをひいたフライパンににんにくを入れて、香りが出てきたら鶏ささみ、梅干しを加え、全体をサッとソテーする。

3. 2にAを加えて乾燥バジルをふた振りする。ゆで上がったパスタを合わせたら、皿に盛り付けて、仕上げに乾燥バジルを振りかける。

POINT

ささみは3分でお湯から取り出すとまだ生ですが、2の工程でソテーして火入れをすることでふっくら仕上げます。

41

牛タンと長ねぎのクリームパスタ

クリームに負けないねぎの甘さに驚愕します

使用材料

	スパゲティ	80g
	牛タン	70g（1.5cm四方に薄くスライス）
	長ねぎ	¼本（2cm幅にカット）
	オリーブオイル	20g
	にんにく	1片（潰す）
	黒胡椒	適量
A	生クリーム	30cc
	牛乳	30cc
	パルミジャーノ	30g

作り方

> パスタは1％の塩分濃度でゆでる。

1. オリーブオイルをひいたフライパンににんにくを入れて中火で熱し、香りが出てきたらにんにくは取り出す。

2. 牛タンと長ねぎを入れて、それぞれに焼き色をつけるようにじっくりソテーする。

3. Aを加えて、フライパンについた旨味をこそげながら弱火で温める。

4. 3にゆで上がったパスタと2を合わせたら、皿に盛り付けて、仕上げに黒胡椒を振りかける。

POINT

長ねぎはじっくりソテーすることで甘みを最大限に引き出して、ソースはクリームシチューのような味わいを目指しましょう。

生ハムとサーモンのクリームパスタ

肉と魚、旨味のいいとこ取りをした欲張りな一品

42

使用材料	
スパゲティ	80g
生ハム	2枚(手で小さく裂く)
サーモン(柵)	40g(1cmの角切り)
オリーブオイル	20g
にんにく	1片(潰す)
A 生クリーム	30cc
牛乳	30cc
パルミジャーノ	30g

作り方

> パスタは1%の塩分濃度でゆでる。

1 オリーブオイルをひいたフライパンににんにくを入れて中火で熱し、香りが出てきたらサーモン、生ハムの半量を加えて、弱火で軽くソテーする。

2 Aを加えて軽く温める。

3 2にゆで上がったパスタを合わせたら、皿に盛り付け、残りの生ハムをトッピングする。

MEMO

小さな角切りにしたサーモンは、軽く火を入れて柔らかく仕上げると、食感も楽しめます。

CHAPTER 3

OIL PASTA

オイルパスタ

ペペロンチーノに代表されるオイルパスタの魅力は手軽さです。
ニンニクの香りをたっぷりとまとったオイルは食材の旨味を引き出し、
極上の一皿を約束してくれます。

43

目玉焼きとパン粉のオイルパスタ

給料日前に食べたいボリュームタップリの節約パスタ

使用材料

スパゲティ	80g
卵	2個
オリーブオイル	20g
にんにく	1片(みじん切り)
唐辛子	1本
パン粉	適量(茶色くなるまで乾煎りする)
ペコリーノロマーノ	30g

作り方

> パスタは1%の塩分濃度でゆでる。

1. オリーブオイル（分量外）を熱したフライパンに卵1個を割り入れて目玉焼きを作り、取り出す。

2. 1のフライパンにオリーブオイルとにんにく、唐辛子を入れて中火で熱し、香りを引き出したら、溶いた卵を加えてソテーする。

3. 2にゆで上がったパスタを合わせたら、ペコリーノロマーノ20ｇを加え、塩（分量外）で調味して皿に盛り付ける。目玉焼き、ペコリーノ10ｇ、パン粉を散らす。

POINT

パン粉を茶色くなるまで乾煎りすることで、香り、味、食感が良くなります。

アサリとシラスのオイルパスタ

あっさりとした味わいだから毎日でも飽きが来ない

44

使用材料

スパゲティ	80g
アサリ	10個
シラス干し	30g
オリーブオイル	20g
にんにく	1片(潰す)
唐辛子	1本

作り方

> パスタは1%の塩分濃度でゆでる。

1 オリーブオイルをひいたフライパンににんにく、唐辛子を入れて中火で熱し、香りが出てきたらアサリとパスタのゆで汁40ccを加えてふたをする。

2 アサリの口が開いたらアサリを取り出す。アサリの半量は殻を外してフライパンに戻し、火を止める。

3 2にゆで上がったパスタとしらすを加えてサッと和えたら、皿に盛り付ける。仕上げに残りの殻付きアサリをトッピングする。

MEMO

しらすは余熱で火を通してください。アサリはハマグリなど他の貝類で代用可。トッピングに大葉やバジルなどの香草を散らすと、味に変化がつきます。

エビとアボカドのオイルパスタ

あっさりとし味わいながらご馳走感あふれるひと皿に

45

使用材料

- スパゲティ……………………80g
- 有頭エビ………………………2尾
  （頭と殻を外し、身を3cm幅にカット）
- アボカド………………………1個
  （半分は1cm幅にカット、もう半分は包丁で叩いてピューレ状にする）
- オリーブオイル………………20g
- にんにく………………1片（潰しておく）

作り方

> パスタは1%の塩分濃度でゆでる。

1. オリーブオイルをひいたフライパンににんにく、エビの頭と殻を入れ、弱火で潰しながら炒める。香りが出てきたら頭と殻を取り出す。

2. エビの身とカットしたアボカドを加えて、エビの色が変わる程度にサッとソテーをする。

3. 2にゆで上がったパスタを加えて和えたら、ピューレ状にしたアボカドを加え、全体を数回混ぜ合わせてから、皿に盛り付ける。

POINT
アボカドは具材とソースで使い分けることで、少ない材料でも味の楽しみを増やすことができます。

46

生ハムとブロッコリーの
オイルパスタ

しっかりとした味付けだからハイボールが飲みたくなります

使用材料

スパゲティ		80g
生ハム		3枚

（2枚を1cm四方にカット、残り1枚は手でちぎる）

ブロッコリー		½房

（小房に分け、茎は硬い皮をむいて5mm厚さにスライス）

オリーブオイル		20g
にんにく		1片(みじん切り)
パルミジャーノ		30g
黒胡椒		適量

作り方

> パスタは1%の塩分濃度でゆでる。
> パスタ鍋でザルに入れたブロッコリーを3分ゆでて引き上げる。

1. ブロッコリーの小房の半量と茎をミキサーでピューレ状にする。

2. オリーブオイルをひいたフライパンににんにくを入れ中火で熱し、香りが出てきたらカットした生ハムを加える。弱火でじっくりと旨味を引き出したら、1のピューレを加えて温める。

3. パスタのゆで上がり3分前にブロッコリーの小房の残り半分をパスタと同時にゆで上げて2に加える。パルミジャーノの半量を加えて和え、皿に盛り付ける。残りのパルミジャーノと黒胡椒を振りかけ、手でちぎった生ハムをのせる。

POINT

ブロッコリーはもちろん生ハムからも旨味が出ます。じっくりと炒めることで味に深みを与えてくれます。

スモークサーモンと梅干しのオイルパスタ

47

梅干しの酸味と鼻に抜けるスモークの香りで大人向けのひと皿に

使用材料

- スパゲティ　　　　　　　　　　80g
- スモークサーモン　　　　　40g（5mm幅にカット）
- 梅干し　　　　　　　　　　　　2個
  （種をのぞき包丁で細かく叩く）
- オリーブオイル　　　　　　　　20g
- にんにく　　　　　　　　　1片（潰す）
- 唐辛子　　　　　　　　　　　　1本
- モッツァレラチーズ　　　　　　40g
  （食べやすい大きさに手でちぎる）
- イタリアンパセリ　適量（みじん切り）

作り方

> パスタは1%の塩分濃度でゆでる。

1. オリーブオイルをひいたフライパンににんにく、唐辛子を入れて中火で熱し、香りが出てきたらパスタのゆで汁20cc、スモークサーモンの半量、梅干しを加えて混ぜる。

2. 1にゆで上がったパスタを合わせて、モッツァレラチーズ、残りのサーモンをトッピングして、イタリアンパセリを散らす。

MEMO

梅干しは柔らかい南高梅がオススメ。好みにもよりますが、はちみつ漬けにした梅干しを使うと全体的に味がまとまります。

サルシッチャとほうれん草のオイルパスタ

生ソーセージの中身を取り出して作るのがイタリア流

48

使用材料

スパゲティ	80g
サルシッチャ	1本（中身を取り出す）
ほうれん草	1株（5cm長さにカット）
オリーブオイル	20g
にんにく	1片（みじん切り）
パルミジャーノ	30g
黒胡椒	適量

作り方

パスタは1%の塩分濃度でゆでる。

1. フライパンにオリーブオイル、にんにくを入れて香りを引き出したら、サルシッチャを加えてソテーする。

2. 水70cc（分量外）とほうれん草を加えて、水分がなくなるまで弱火で煮詰める。

3. 2にゆで上がったパスタを合わせたら皿に盛り、パルミジャーノ、黒胡椒を振りかける。

POINT
ほうれん草はくたくたになるまで煮ることで、ソースとの一体感を出しましょう。

49

牛カルビとじゃがいもの オイルパスタ

牛肉に醤油とみりん、それはまるでイタリア風肉じゃが

使用材料

スパゲティ	80g
オリーブオイル	20g
にんにく	1片(潰す)
唐辛子	1本
牛カルビ肉(焼肉用)	40g(4cm幅にカット)
じゃがいも	小1個
（皮つきのまま食べやすい大きさにカット）	
醤油	小さじ1
みりん	大1
パルミジャーノ	20g

作り方

> パスタは1%の塩分濃度でゆでる。

1. パスタをゆでている鍋でじゃがいもをザルに入れてゆで、竹串がスッと入る程度に火が通ったら引き上げる。

2. オリーブオイルをひいたフライパンににんにく、唐辛子を入れて中火で熱し、ふつふつと沸いて香りが出てきたらカルビ肉を加えてソテーする。

3. 肉の色が変わったらじゃがいもを加えてサッと炒め、醤油とみりん、パスタのゆで汁20ccを加え、全体をなじませる。

4. 3にゆで上がったパスタを合わせ、パルミジャーノを加えて和えたら皿に盛り付ける。

POINT

あえて皮がついたまま使うことで、じゃがいもの香りと食感を楽しみましょう。

OIL PASTA

ひき肉とケーパーのオイルパスタ

イタリアの腸詰めを再現すればいつものパスタがご馳走に

50

使用材料		
	スパゲティ	80g
	豚ひき肉	60g
	オリーブオイル	20g
	にんにく	1片(みじん切り)
	唐辛子	1本
	ローズマリー	1/2枝(葉を摘んでみじん切り)
	乾燥オレガノ	ひとつまみ
	黒胡椒	適量
	塩	適量
	イタリアンパセリ	適量
	ケーパー	10粒

作り方

> パスタは1%の塩分濃度でゆでる。

1 豚ひき肉にローズマリー、オレガノ、黒胡椒、塩を加えて混ぜ合わせ、サルシッチャ（腸詰め）のタネを作る。

2 フライパンにオリーブオイル、にんにく、唐辛子を入れて弱火で香りを引き出したら、1のサルシッチャのタネを加えて、肉の色が変わるまでソテーする。

3 2にゆで上がったパスタを合わせたら、ケーパー、黒胡椒と和えて皿に盛り付け、仕上げにイタリアンパセリを飾る。

POINT
ひき肉に複数の香草を混ぜることで、本場のような香り高いパスタに仕上がります。

カキとエリンギのオイルパスタ

海の恵みと山の幸、人気者二人がパスタ村で出会った

51

使用材料		
	スパゲティ	80g
	カキ	4粒
	エリンギ	1本
	（手で食べやすい大きさに細く裂く）	
	オリーブオイル	20g
	にんにく	1片（潰す）
	唐辛子	1本
	白ワイン	30cc

作り方

> パスタは1%の塩分濃度でゆでる。

1 オリーブオイルをひいたフライパンににんにく、唐辛子を入れて中火で熱し、ふつふつと沸いて香りが出てきたら、カキとエリンギを加えてソテーする。

2 ワインを加えて、アルコール分を飛ばす。

3 2にゆで上がったパスタを合わせたら皿に盛り付ける。

POINT
手でエリンギを裂くことで、断面が凸凹になり、味が染み込みやすくなります。

52

牛タンとピーマンの
オイルパスタ

厚切り牛タンを使えばまるでリストランテの看板メニュー

OIL PASTA

使用材料

スパゲティ	80g
牛タン	50g(1cm幅の短冊状にカット)
ピーマン	1個(3mm幅の細切り)
オリーブオイル	20g
にんにく	1片(みじん切り)
唐辛子	1本
黒胡椒	適量
パルミジャーノ	30g

作り方

> パスタは1％の塩分濃度でゆでる。

1 オリーブオイルをひいたフライパンににんにく、唐辛子を入れて中火で熱し、香りを引き出したら、牛タンを加えてソテーする。

2 牛タンに火が入ったらピーマンを加えて、サッとなじませる程度で火を止める。

3 2にゆで上がったスパゲティを合わせ、黒胡椒とパルミジャーノの半量を加えて全体を和える。皿に盛り付けたら仕上げに残りのパルミジャーノと黒胡椒を振りかける。

POINT

牛タンは火を入れすぎると硬くなり食感が悪くなります。手で軽く丸めてから焼くと、パサパサになりづらいのでお試しあれ。

アジと青のりのペペロンチーノ

大衆魚が高級イタリアンレストランのひと皿に大変身

53

使用材料

スパゲティ	80g
オリーブオイル	20g
にんにく	1片(潰す)
唐辛子	1本
アジ	1匹

(3枚におろして、腹骨をすき、皮も引く。頭と中骨も捨てずに取り置く)

青のり	ふたつまみ
水	適量

作り方

> パスタは1%の塩分濃度でゆでる。

1 アジの頭と中骨をフライパンで中火でしっかりと焼いたら、小鍋に移して水200ccを加え、弱火で15分ほど煮て、アジだしのスープを作る。

2 別のフライパンにオリーブオイル、にんにく、唐辛子を入れて中火で熱し、香りを引き出したら、アジの身を加えてじっくりとソテーしながら崩す。

3 2に1のスープ20ccと青のりを加える。ゆで上がったパスタを合わせたら、皿に盛り付ける。仕上げに青のり(分量外)を散らす。

POINT

アジの頭と骨はしっかりと血を洗い流し、じっくりと焦がして、臭みを消しましょう。工程1の小鍋に玉ねぎやにんじんなどの香味野菜を加えるとさらにおいしくなります。

アサリとレモンのボンゴレビアンコ

レモンのさわやかさとアサリの旨味のコントラストが抜群

54

使用材料

スパゲティ	80g
アサリ	15個
オリーブオイル	20g
にんにく	1片（みじん切り）
唐辛子	1本
レモン（国産）	½個
（皮はすりおろし、果汁を絞る）	
イタリアンパセリ	適量（みじん切り）
黒胡椒	適量

作り方

> パスタは1%の塩分濃度でゆでる。

1. オリーブオイルをひいたフライパンににんにく、唐辛子を入れ中火で熱し、香りを引き出したら、アサリとパスタのゆで汁40ccを加え、ふたをして1分ほど火を通す。

2. トッピング用に5個のアサリを取り出し、残りは殻からスッと外れるまでさらに火を通して殻を外す。レモンの皮を加えて混ぜる。

3. 2にゆで上がったパスタを合わせて皿に盛り付ける。仕上げにトッピング用のアサリをのせ、イタリアンパセリを散らして黒胡椒を振りかけ、レモン果汁、オリーブオイル（分量外）をひと回しする。

POINT
レモンの皮をすりおろして混ぜることで、パスタ全体から爽やかな風味を感じることができます。

55

サンマと高菜漬けの
オイルパスタ

高菜が教えてくれた、サンマの新しい魅力

OIL PASTA

使用材料		
	スパゲティ	80g
	サンマ	1尾
	高菜漬け(古漬け)	20g(細かく刻む)
	オリーブオイル	20g
	にんにく	1片(潰す)
	唐辛子	1本

作り方

> パスタは1%の塩分濃度でゆでる。

1. サンマは頭を落として半分に切り、全体に塩(分量外)を振って魚焼きグリルなどで焼く。

2. オリーブオイルをひいたフライパンににんにく、唐辛子を入れて中火で熱し、香りを引き出したら、グリルから取り出したサンマを加えて焼き目をつける。

3. 焼き目がついたら取り出し、身を開いて骨を外して頭側の身をほぐし、尾側の身はほぐさずトッピング用に取り置く。

4. 1のフライパンに高菜漬けと身をほぐしたサンマを加えて軽く炒めたら、ゆで上がったスパゲティを合わせて皿に盛る。仕上げに取り置いたサンマの身をトッピングする。

POINT

サンマに焼き色をつけると同時に、旨味をオイルにも閉じ込めましょう。サンマの内臓は好みで入れてもOK。

鶏ささみとぬか漬けのオイルパスタ

ダイエット中でもついつい食べたくなるあっさりとしたひと皿

56

使用材料

- スパゲティ　　　　　　　　　80g
- オリーブオイル　　　　　　　20g
- にんにく　　　　　　1片（みじん切り）
- 唐辛子　　　　　　　　　　　1本
- 鶏ささみ　　　　　1本（1cmの角切り）
- ぬか漬け（きゅうりや大根など）
  　　　　　　合わせて30g（みじん切り）
- 黒胡椒　　　　　　　　　　　適量

作り方

> パスタは1％の塩分濃度でゆでる。

1. オリーブオイルをひいたフライパンににんにく、唐辛子を入れて香りを引き出したら、鶏ささみを加え、中が白くなるまで火を通す。

2. 1にゆで上がったパスタとぬか漬け、パルミジャーノの半量を加えたら、全体をサッと混ぜ合わせる。皿に盛り付け、残りのパルミジャーノと黒胡椒を振りかける。

MEMO

ぬか漬けは乳酸菌が豊富で、腸内環境を整え、さらに美容にも良いとされています。

ツナとスパム缶のオイルパスタ

困った時の缶詰頼みでもふたつの旨味が相乗効果で大爆発

57

使用材料

スパゲティ	80g
ツナ缶（水煮）	1缶
スパム缶（減塩タイプ）	70g（5mm厚さにスライス）
オリーブオイル	20g
にんにく	1片（潰す）
唐辛子	1本
パルミジャーノ	20g
黒胡椒	適量

作り方

> パスタは1%の塩分濃度でゆでる。

1. オリーブオイルをひいたフライパンににんにく、唐辛子を入れて中火で熱し、香りを引き出したらにんにくを取り出す。

2. スパムを加えて、木べらなどで崩しながら焼き色をつけていく。その後ツナを汁ごと加えて、フライパンの水分がなくなるまで加熱する。

3. 2 にゆで上がったパスタを合わせたら、パルミジャーノ、黒胡椒を加えてサッと混ぜたら盛り付ける。パルミジャーノ（分量外）、黒胡椒を振りかける。

POINT

スパムには脂分が多く含まれているので、ツナはあっさりとした水煮を使用すると最後まで飽きずにおいしくいただけます。

58

豚ロース肉とカラスミのオイルパスタ

カラスミの独特の風味があっさりとした豚ロース肉に魔法をかける

使用材料

スパゲティ	80g
豚ロース肉	1枚(70g)
（芯部分とそれ以外の部位に分け、芯の部分は1.5cm程度にカット、それ以外の部分は脂を含めて細かく刻む）	
カラスミ(パウダー)	10g
オリーブオイル	20g
にんにく	1片(みじん切り)
唐辛子	1本
黒胡椒	適量

作り方

> パスタは1%の塩分濃度でゆでる。

1. フライパンにオリーブオイルと芯以外の刻んだ豚肉を入れて中火でソテーし、肉の色が変わったら、にんにくと唐辛子を加えて全体を混ぜ合わせる。

2. にんにくの香りが出てきたらロースの芯部分、パスタのゆで汁40ccを加えて火を通す。

3. 2にゆで上がったスパゲティとカラスミの半量を加え、サッと和えたら皿に盛り、仕上げに黒胡椒とカラスミを振りかける。

POINT

ロース肉は中心の柔らかい芯の部分とそれ以外に分けて使用することで、食感の違いを楽しむことができます。バラ肉やその他の部位でも代用可能です。

シラスと野沢菜のペペロンチーノ

しらすのほのかな塩気と野沢菜の香り、
休日ランチ向けの上品なひと皿

59

使用材料

スパゲティ	80g
しらす干し	30g
野沢菜の漬物	20g(1cm幅にカット)
オリーブオイル	20g
にんにく	1片(みじん切り)
唐辛子	1本

作り方

> パスタは1%の塩分濃度でゆでる。

1. オリーブオイルをひいたフライパンににんにく、唐辛子を入れて弱火で熱し、香りが出てきたら、野沢菜、しらす、パスタのゆで汁30ccを加えて軽く温める。

2. 1にゆで上がったパスタを加えてなじませたら、皿に盛り付ける。

POINT

野沢菜は炒めずに温める程度にしてえぐみを抑えます。青野菜ならではの香りと食感を生かしましょう。

ホタルイカと豆苗のペペロンチーノ

ナンプラーを入れることで、オリジナリティあふれる味わいに

60

使用材料

- スパゲティ……………………………80g
- ホタルイカ(目、口、背骨を取りのぞく)……………………………………10個
- 豆苗…………5g(食べやすい大きさにカット)
- オリーブオイル………………………20g
- にんにく………………………1片(潰す)
- 唐辛子…………………………………1本
- ナンプラー……………………………適量

作り方

> パスタは1%の塩分濃度でゆでる。

1. ホタルイカ3個を油をひかずにフライパンで熱し、木べらで押し潰しながら焼き目をつける。

2. 別のフライパンにオリーブオイル、にんにく、唐辛子を入れて弱火で熱し、香りを引き出したら残りのホタルイカと豆苗を加えて、1分ほどソテーする。

3. 2にパスタのゆで汁20cc、ナンプラーを加え、ゆで上がったパスタを加えて和えたら皿に盛り、仕上げに1のホタルイカをのせる。

POINT

1の工程では油をひかずに押し潰すように焼いて、しっかりと焼き目をつけましょう。臭みが消え、また香ばしさもアップします。

61

オイルサーディンとナスのオイルパスタ

オイルサーディンの旨味をナスがまとって簡単だけど極上の味わいに

使用材料

スパゲティ	80g
オイルサーディン	1缶(100g)
ナス	1本(1cm厚さの輪切り)
オリーブオイル	40g
にんにく	1片(潰す)
唐辛子	1本
乾燥オレガノ	適量

作り方

> パスタは1％の塩分濃度でゆでる。

1 オイルサーディンの半量（オイル含む）はオレガノと一緒に包丁で細かく叩いておく。

2 オリーブオイルをひいたフライパンににんにく、唐辛子を入れて中火で熱し、香りを引き出したら、残りのオイルサーディンとナスを加えて、オイルサーディンを崩しながらソテーする。

3 2にゆで上がったスパゲティを加えて和え、皿に盛り付けたら、1を上にのせる。

POINT

そのまま使いがちなオイルサーディンですが、具材（上写真）とソースを使い分けることで一気に本格的な味わいになります。

鳥皮と長ねぎのオイルパスタ

間違いない組み合わせ、ねぎの食感が素敵なアクセントに

62

使用材料

- スパゲティ················80g
- 鶏皮······40g(ひと口大にカットしておく)
- 長ねぎ······1/4本(1cm幅にカット)
- オリーブオイル············20g
- にんにく················1片
- 唐辛子················1本

作り方

> パスタは1%の塩分濃度でゆでる。

1. フライパンに鶏皮を入れ、弱火でじっくりと加熱しながら脂を引き出す。カリッとするまで焼いたら、火を止める。鶏皮を取り出し、キッチンペーパーで余分な脂を拭き取る。

2. 1のフライパンを1〜2分放置し温度を下げたらオリーブオイル、にんにく、唐辛子を入れて中火で熱し、香りが出てきたら、長ねぎとパスタのゆで汁10ccを加えて加熱する。

3. 2にゆで上がったパスタを合わせたら、皿に盛り付け、鶏皮をトッピングする。

POINT

香ばしくカリッと焼き上げるには鶏皮からたくさん脂が出ます。多すぎると思ったら、キッチンペーパーで脂を取りのぞきましょう。

シチリア風カレッティエラ

シンプルだからうまい、生のにんにくが強烈に香る二郎系パスタ

63

使用材料		
	ペンネ	80g
	オリーブオイル	20g
	にんにく	5片（みじん切り）
	唐辛子	1本（みじん切り）
	ペコリーノロマーノ	30g
	イタリアンパセリ	4枝（みじん切り）

作り方

> パスタは1%の塩分濃度でゆでる。

1 ボウルにパスタ以外の全ての材料を入れておく。

2 パスタがゆで上がったら 1 に加えて、ボウルが冷めないようにパスタをゆでた湯で湯煎にかけながら和える。

POINT

ボウルで手早く和えることで、生にんにくの風味を全面に生かしましょう。

64

アワビとカラスミのペペロンチーノ

ニンニクが高級食材アワビの味わいを深めて、
カラスミが旨味をブースト

使用材料

スパゲティ	80g
アワビ	1個（殻から外して5mm幅にスライス）
カラスミパウダー	適量
オリーブオイル	20g
にんにく	1片（潰す）
唐辛子	1本
フレッシュバジル	2枚（せん切り）

作り方

> パスタは1％の塩分濃度でゆでる。

1. オリーブオイルをひいたフライパンににんにく、唐辛子を入れて弱火で熱し、香りを引き出したら、スライスしたアワビを入れて2分ほどソテーする。

2. 1にゆで上がったパスタを加え、カラスミパウダーを合わせたら皿に盛り付け、仕上げにバジルをのせる。

POINT

アワビには火を入れすぎないよう注意しましょう。せっかくの高級食材が硬くなってしまいます。

OIL PASTA

カニ缶と万能ねぎのオイルパスタ

高級食材の旨さをじっくり堪能できるご馳走パスタ

65

使用材料

- スパゲティ 80g
- カニ缶(ほぐし身タイプ) 1缶(30g)
- 万能ねぎ 10g程度(3mm幅の小口切り)
- オリーブオイル 20g
- にんにく 1片(みじん切り)
- 唐辛子 1本
- 黒胡椒 適量

作り方

> パスタは1%の塩分濃度でゆでる。

1. オリーブオイルをひいたフライパンににんにく、唐辛子を入れて弱火で香りを引き出したら、カニ缶を汁ごと加え、強火で水分を飛ばす。

2. しっかりと水分が飛んだら、黒胡椒、万能ねぎの半量を加えて火を止める。

3. 2にゆで上がったパスタを合わせて、軽く混ぜたら皿に盛り付け、残りの万能ねぎをトッピングする。

POINT

カニの持つ独特の風味と旨味を凝縮させるために、カニ缶の水分はしっかりと飛ばしましょう。カニ缶の代わりにホタテ缶やサバ缶を使うとまた違った味わいが楽しめます。

CHAPTER 4

CHEESE PASTA

チーズパスタ

パスタの基本はオイル、ニンニク、そしてチーズといっても
過言ではありません。シンプルからこってりまで。
チーズの魅力を最大限にいかしたレシピをお届けします。

66

カチョエペペ

ローマの三大パスタのひとつを自宅で楽しむポイントは良い食材を使うこと

使用材料	
スパゲティ	80g
ペコリーノロマーノ	50g
黒胡椒(ホール)	たっぷり

作り方

> パスタは1%の塩分濃度でゆでる。

1 黒胡椒をフライパンで乾煎りする。

2 ボウルにペコリーノロマーノ、1の黒胡椒を10回挽き、パスタのゆで汁40ccを入れてゴムべらで和えておく。

3 2のボウルにゆで上がったパスタを加えて、水分が足りなければパスタのゆで汁を加えながら全体を混ぜ合わせる。

4 皿に盛り付けたら、1の黒胡椒を軽く挽き、ペコリーノ(分量外)を振りかける。

MEMO

黒胡椒は最初に乾煎りして、ひきたてを使ってください。

67

パンチェッタとブロッコリーの
チーズパスタ

ペコリーノロマーノの旨味が見事にからみ合う至福のひと皿

使用材料

スパゲティ	80g
パンチェッタ	30g(5mm角の拍子木切り)
ブロッコリー	½房(小房に分ける)
オリーブオイル	20g
ペコリーノロマーノ	30g
イタリアンパセリ	1枝(みじん切り)
黒胡椒	たっぷり

作り方

> パスタは1%の塩分濃度でゆでる。

1. パスタをゆでている鍋でブロッコリーをザルに入れて5分ゆで、引き上げる。

2. オリーブオイルをひいたフライパンにパンチェッタを入れカリカリになるまでソテーしたら、水90ccとブロッコリーを入れて、ブロッコリーをフォークで潰しながら煮込む。

3. 2にゆで上がったパスタとペコリーノロマーノを加えてサッと和えたら、皿に盛り付け、仕上げに黒胡椒とペコリーノを振りかけ、イタリアンパセリを散らす。

POINT

くたくたになるまでゆでることでブロッコリーをソースのように使います。

焼きパプリカとズッキーニの チーズパスタ

68

直火焼きでパプリカの甘さを引き出し野菜のうまさを堪能

使用材料
- スパゲティ　　　　　　　　　80g
- パプリカ　　　　　　　　　　1個
- ズッキーニ　1/3本（5mm厚さにスライス）
- オリーブオイル　　　　　　　20g
- にんにく　　　　　　1片（みじん切り）
- チェダーチーズ　　　　　　　30g
- イタリアンパセリ　　　　　　適量

作り方

> パスタは1%の塩分濃度でゆでる。

1. パプリカは皮が真っ黒になるまで直火で焼き、皮と種を取りのぞいてミキサーでピューレ状にする。

2. オリーブオイルをひいたフライパンににんにくを入れて中火で熱し、香りを引き出したら、1のパプリカ、ズッキーニ、チェダーチーズを加えて、弱火で1分加熱する。

3. 2にゆで上がったパスタを加えて和え、皿に盛り付ける。

POINT
パプリカは直火で焦げるまで焼いたのち、皮をむき種を取ります。こうすることで、香ばしさと甘さを引き出します。

バターと牛乳のチェダーパスタ

チェダーチーズの旨味にバターのコクを堪能できる極上のひと皿

使用材料

リガトーニ	80g
チェダーチーズ	40g
パルミジャーノ	15g
牛乳	50cc
無塩バター	10g
イタリアンパセリ	1枝（みじん切り）
黒胡椒	たっぷり

作り方

> パスタは1%の塩分濃度でゆでる。

1. フライパンに牛乳、チェダーチーズ、パルミジャーノ、バターを入れたら、極弱火で溶かしながら混ぜ合わせる。

2. 1にゆで上がったパスタを合わせたら、皿に盛り付けて、仕上げにイタリアンパセリを散らし、黒胡椒を振りかける。

MEMO

極弱火で調理しないとソースがダマになります。絶対に沸騰させてはいけません。

70

カルボナーラ

日本人が溺愛するあいつを本場ローマと同じ食材で楽しむ

CHEESE PASTA

使用材料

コンキリエ	80g
グアンチャーレ(豚のホホ肉の塩漬け)	
	30g(5mm幅にカット)
ペコリーノロマーノ	30g
卵黄	2個分
黒胡椒	適量

作り方

> パスタは1%の塩分濃度でゆでる。

1 ボウルにペコリーノロマーノ、黒胡椒、卵黄、パスタのゆで汁20ccを入れてゴムべらで混ぜ合わせておく。

2 フライパンにグアンチャーレを入れたら、極弱火で脂を引き出し、カリカリになるまでソテーする。

3 2 にゆで上がったパスタと 1 を加え、卵が固まらないよう極弱火で温める程度に合わせる。皿に盛り付けたらペコリーノ(分量外)、黒胡椒をたっぷりと振りかける。

MEMO

本場と同じペコリーノロマーノとグアンチャーレを贅沢に使用してください。

71

かぼちゃと小松菜の
チーズパスタ

かぼちゃが食材の個性をやさしく包み込むひだまりのようなひと皿

使用材料

スパゲティ	80g
かぼちゃ	80g
小松菜	1株(3cm幅のざく切り)
オリーブオイル	20g
にんにく	1片(みじん切り)
唐辛子	1本
ゴルゴンゾーラ	20g
パルミジャーノ	10g

作り方

1. 手鍋でかぼちゃをゆでる。竹串がスッと入る程度までゆでたら、2等分して半量は2cm角にカットしておく。

   > パスタは1%の塩分濃度でゆでる。

2. オリーブオイルをひいたフライパンににんにく、唐辛子を入れて中火で熱し、香りを引き出したら弱火にしてパスタのゆで汁20ccとカットしていないかぼちゃを加えて、フォークなどで潰してペースト状にする。

3. カットしたかぼちゃと小松菜、ゴルゴンゾーラを加えて、1分ほど加熱したらパルミジャーノを入れて溶かす。

4. 3にゆで上がったパスタを加えて和えたら、皿に盛り付けて、仕上げにパルミジャーノ(分量外)を散らす。

POINT

かぼちゃを木べらなどで潰しながらペースト状にしてソースにすることで、全体的にほんのり甘くてやさしい仕上がりになります。

CHEESE PASTA

サバみそ缶と
マスカルポーネチーズのクリームパスタ

72

みそとマスカルポーネの意外だけど最高のマリアージュ

使用材料
- スパゲティ　　　　　　　　　80g
- マスカルポーネチーズ　　　　50g
- サバみそ缶　　　　　　　　　½缶
- オリーブオイル　　　　　　　20g
- にんにく　　　　　　1片(みじん切り)
- 黒胡椒　　　　　　　　　　　適量
- A 牛乳　　　　　　　　　　30cc
- 　パルミジャーノ　　　　　　30g

作り方

> パスタは1%の塩分濃度でゆでる。

1. オリーブオイルをひいたフライパンににんにく、サバみそ缶を汁ごと入れて中火で熱し、水分がなくなるまで炒める。

2. Aとマスカルポーネを加えたら、全体を合わせて温めておく。

3. 2にゆで上がったパスタを合わせたら、皿に盛り付けて、仕上げに黒胡椒を振りかける。

POINT
サバみそ缶の水分をしっかり飛ばすまで炒めると、青魚特有の臭みを抑えることができます。

セミドライトマトと スナップエンドウのチーズパスタ

73

定番の素材をシンプルにいただきます

使用材料

スパゲティ	80g
セミドライトマト	3個（半分にカット）
スナップエンドウ	5個（1cm幅にカット）
オリーブオイル	20g
にんにく	1片（みじん切り）
モッツァレラ	40g（手でちぎる）
シュレッドチーズ	20g

作り方

パスタは1％の塩分濃度でゆでる。

1. オリーブオイルをひいたフライパンににんにくを入れて中火で熱し、香りを引き出したらパスタのゆで汁20cc、スナップエンドウ、セミドライトマトを入れて、1分ほど加熱する。

2. 1にゆで上がったパスタとシュレッドチーズを加え、混ぜ合わせたら皿に盛り付け、仕上げにモッツァレラチーズをのせる。

MEMO

モッツァレラチーズはパスタと混ぜず、上にのせましょう。チーズのフレッシュさを感じながら食べるのがこのレシピの醍醐味です。

74

ビーツとガーリックのチーズパスタ

ショッキングなのは見た目だけではありません

使用材料

スパゲティ	80g
ビーツ	50g
ビーツパウダー	適量
クリームチーズ	40g
オリーブオイル	20g
にんにく	1片(みじん切り)

作り方

1 小鍋でビーツを丸ごと30分ゆでる。竹串がスッと入る程度までゆでたら、取り出して粗く刻んでおく。

> パスタは1%の塩分濃度でゆでる。

2 オリーブオイルをひいたフライパンににんにくを入れて中火で熱し、香りを引き出したらパスタのゆで汁20cc、1のビーツ、クリームチーズを加えて混ぜ合わせる。

3 2にゆで上がったパスタを加えて和えたら皿に盛り付けて、仕上げにビーツパウダーをたっぷり振りかける。

POINT

ビーツは丸ごとゆでないと風味が抜けてしまいます。パスタに使った残りはサラダに使いましょう。上品な甘さが個性を放つ、素敵なひと皿になることでしょう。ゆで時間の目安は30分です。

CHEESE PASTA

クリームチーズといぶりがっこの クリームパスタ

75

燻製香とほのかな酸味、これぞ大人のためのひと皿

使用材料

スパゲティ		80g
いぶりがっこ		20g
（半量は細かく刻み、もう半量はスライス）		
クリームチーズ		30g
オリーブオイル		20g
にんにく		1片（みじん切り）
黒胡椒		適量
乾燥タイム		適量
塩		少々
A	生クリーム	30cc
	牛乳	30cc
	パルミジャーノ	30g

作り方

> パスタは1%の塩分濃度でゆでる。

1 オリーブオイルをひいたフライパンににんにくを入れて、香りが出てきたら、刻んだいぶりがっこ、クリームチーズの半量、A を入れて、全体を温める。

2 残りのクリームチーズに塩と、乾燥タイムを数振り加えて混ぜ合わせ、スライスしたいぶりがっこにスプーンなどを使って塗り付ける。

3 1にゆで上がったパスタを合わせたら、皿に盛り付けて 2 をトッピングする。仕上げに黒胡椒と乾燥タイムを散らす。

POINT

乾燥タイムは日常では使い方が難しいかもしれませんが、上手に活用すれば香りと味わいに「洋風らしさ」を与えてくれます。

CHAPTER 5

JAPANESE PASTA

和風パスタ

きのこに代表される和風食材って実はパスタとの相性抜群。
意外な食材を使ったレシピの数々に、
私たちはパスタの懐の深さを知ることでしょう。

76

豚バラ肉と豆乳の和風スープパスタ

冬の寒い日に食べればお腹も心もほっこり気分

JAPANESE PASTA

使用材料

スパゲティ	80g
豚バラ薄切り肉	60g(5cm幅にカット)
豆乳	200cc
オリーブオイル	20g
にんにく	1片(潰す)
唐辛子	1本
めんつゆ	20cc(ストレート)
フレッシュバジル	適量(葉はせん切り、葉先はトッピング用)

作り方

> パスタは1%の塩分濃度でゆでる。

1. オリーブオイルをひいたフライパンににんにく、唐辛子を入れて中火で熱し、香りを引き出したら、豚バラ肉を加えて焼き色をつける。

2. 豆乳、めんつゆを加え、水分が2/3量になるまで弱火で煮詰める。

3. 2にゆで上がったパスタ、せん切りのバジルを加えて手早く和えたら皿に盛り付け、仕上げにトッピングのバジルを飾る。

POINT

豆乳を入れた後のフライパンを煮詰める時は、弱火で沸騰させないようにしましょう。沸騰させると風味が悪くなり、ダマになって分離してしまいます。

77

ホタルイカと春菊の
和風パスタ

旨味たっぷり！　深海のダイヤとほろ苦い春菊のベストマッチ

JAPANESE PASTA

使用材料		
	スパゲティ	80g
	ホタルイカ	10個(目、口、背骨を取りのぞく)
	春菊	30g(3cm幅のざく切り)
	オリーブオイル	20g
	にんにく	1片(潰す)
	唐辛子	1本
	めんつゆ	20cc
	みょうが	ひとつまみ(せん切り)

作り方

> パスタは1%の塩分濃度でゆでる。

1 オリーブオイルをひいたフライパンににんにく、唐辛子を入れて弱火で熱し、香りを引き出したら、ホタルイカ、春菊を加えて軽くソテーする。

2 1にパスタのゆで汁20cc、めんつゆ、ゆで上がったパスタを加えて和えたら、皿に盛り付けて、仕上げにみょうがをトッピングする。

MEMO

ホタルイカの処理はすこし面倒ですが、これをしないと食感がとても悪くなります。生、ボイルタイプどちらでも下処理を欠かすことはできません。

タコと小松菜の和風パスタ

タコが好きなあの人に作ってあげたらどんな顔するだろう

78

使用材料

スパゲティ	80g
タコ（足の部分）	50g（2cm幅のぶつ切り）
小松菜	1株
（3cm幅のざく切りにして、茎と葉に分ける）	
オリーブオイル	20g
にんにく	1片（潰す）
唐辛子	1本
めんつゆ	20cc
みょうが	適量（せん切り）

作り方

> パスタは1%の塩分濃度でゆでる。

1. オリーブオイルをひいたフライパンににんにく、唐辛子を入れて中火で熱し、香りを引き出したら、小松菜の茎を加え、2分ほどソテーする。

2. タコと小松菜の葉を加え軽くソテーする。すぐにパスタのゆで汁20cc、めんつゆを加え、ゆで上がったパスタを加えて和えたら、皿に盛り付け、仕上げにみょうがを添える。

POINT

小松菜は硬い茎と葉を分けて調理します。タコが柔らかく仕上がるよう意識したレシピですので、小松菜の硬いところもできるだけ柔らかくして一体感を演出しましょう。

ベーコンとのりの和風ナポリタン

ひたすら新感覚、これぞロピア流和風ナポリタン

79

使用材料

スパゲティ	80g
焼きのり	1枚
ベーコン（ブロック）	30g
（短冊状にカット）	
オリーブオイル	20g
にんにく	1片（潰す）
唐辛子	1本
ケチャップ	40g
白だし	20cc

作り方

パスタは1%の塩分濃度でゆでる。

1　オリーブオイルをひいたフライパンににんにく、唐辛子を入れて中火で熱し、香りを引き出したら、ベーコンを加え旨味を引き出すように弱火で3分ソテーする。

2　ケチャップを加え、酸味を飛ばすように加熱したら、パスタのゆで汁70cc、のりを加えて溶かしながら煮詰める。水分がなくなってきたら白だしを入れる。

3　2 にゆで上がったパスタを加えて和えたら、皿に盛り付ける。

POINT
のりをしっかり溶かしてパスタ全体にからませると、口に入れた時に、ふんわりとのりが香ります。

JAPANESE PASTA

80

マダイとインゲンの和風パスタ

高級魚の魅力を最大に引き出したハレの日にふさわしいひと皿

JAPANESE PASTA

使用材料

スパゲティ	80g
マダイ	70g(3等分にカット)
インゲン	3本(2cm幅の斜め切りにして2分下ゆでする)
オリーブオイル	20g
にんにく	1片(みじん切り)
唐辛子	1本
醤油	10cc
和風だし(顆粒)	ひとつまみ

作り方

> パスタは1％の塩分濃度でゆでる。

1. オリーブオイル（分量外）をひいたフライパンにマダイを皮目から入れて、皮がパリッとするまでソテーする。

2. 別のフライパンに分量のオリーブオイルをひいて、にんにく、唐辛子を入れて香りを引き出したら、醤油を鍋肌から滑らせるように加えて、醤油の香ばしさを引き出す。

3. 2に1のマダイを2切れ、パスタのゆで汁20cc、和風だし、インゲンを加え、マダイをすこし崩しながら混ぜ合わせる。さらにゆで上がったパスタを合わせて、皿に盛り付けたら、仕上げに残りのマダイをのせる。

POINT

マダイの皮目をパリッと焼くためには、あまりいじらずじっくりと焼き付けることが大事です。パリッとした皮目とほろっとした身のコントラストが、このレシピの最大の魅力でしょう。

枝豆とインゲンの和風パスタ

おなじみの和風食材を組み合わせたらあっという間にカフェ風のひと皿に

81

使用材料

- スパゲティ　　　　　　　　80g
- 枝豆　　　　　　　　　　　40g
- インゲン　4本（3cm幅の斜め切り）
- オリーブオイル　　　　　　20g
- にんにく　　　　　　　1片（潰す）
- 唐辛子　　　　　　　　　　1本
- 大葉　　　　　　　　　　　3枚
  （2枚をせん切り、1枚は150℃の低温の
  サラダ油で素揚げする）
- めんつゆ（ストレート）　　20cc

作り方

> パスタは1%の塩分濃度でゆでる。

1. 枝豆は塩分濃度3%のお湯で5分ゆでたらサヤから豆を取り出しておく。

2. オリーブオイルをひいたフライパンに、にんにく、唐辛子を入れて中火で熱し、香りを引き出したら、インゲン、パスタのゆで汁40ccを加えて、2分加熱したらめんつゆを合わせておく。

3. 2 にゆで上がったパスタ、1 の枝豆、刻んだ大葉を加えて和えたら、皿に盛り付けて、大葉の素揚げをトッピングする。

POINT
揚げ物はハードルが高く感じる方も多いようですが、大葉の素揚げはすこしの油で簡単にできますのでぜひ挑戦してください。

にんじんと福神漬けの和風パスタ

口の中でじんわりやさしいにんじんの上品な甘さ

82

使用材料		
	スパゲティ	80g
	にんじん	1/2本(乱切り)
	福神漬け	30g(細かく刻む)
	オリーブオイル	20g
	にんにく	1片(みじん切り)
	唐辛子	1本
	白だし	20cc
	粉山椒	適量

作り方

> パスタは1%の塩分濃度でゆでる。

1. パスタ鍋でにんじんをザルに入れて柔らかくなるまでゆでて引き上げたらミキサーでピューレ状にする。

2. オリーブオイルをひいたフライパンににんにく、唐辛子を入れて中火で熱し、香りを引き出したら、パスタのゆで汁20cc、白だし、1のにんじん、福神漬けを加えて温めておく。

3. 2にゆで上がったパスタを加えて和えたら、皿に盛り付けて、仕上げに山椒を振りかける。

POINT

にんじんをピューレ状にすることで、砂糖を使わずに味に深みを出しています。高級料理のような上品な甘さと素敵な彩りを与えてくれるでしょう。

83

鮭とたけのこの和風パスタ

こんがりと焼けた鮭皮の香ばしさに心が躍ります

JAPANESE PASTA

使用材料

スパゲティ	80g
生鮭(切り身)	70g
たけのこ水煮	½個(1cmの角切り)
オリーブオイル	20g
にんにく	1片(潰す)
唐辛子	1本
白だし	20cc
三つ葉	適量

作り方

> パスタは1%の塩分濃度でゆでる。

1. グリルで鮭を皮目がパリッとするよう焼き、皮をはがして、身と皮も1cm幅にカットする。

2. オリーブオイルをひいたフライパンににんにく、唐辛子を入れて中火で熱し、香りを引き出したら、パスタのゆで汁40cc、白だし、たけのこ、鮭の身と皮を加えて、鮭の身を崩しながら煮詰める。

3. 2にゆで上がったパスタを加えて和えたら、皿に盛り付けて、仕上げに三つ葉をトッピングする。

POINT

皮目がパリッとするようしっかり焼きましょう。

納豆と塩昆布の和風パスタ

朝昼晩いつでもウエルカム、ごはんにかけて食べたくなるパスタです

84

使用材料

- スパゲティ……………………80g
- 塩昆布………………………5g
- 納豆…………………………1パック
  （タレとカラシを加えてよく混ぜる）
- オリーブオイル………………20g
- にんにく……………1片（みじん切り）
- 唐辛子………………………1本
- 白だし………………………10cc
- 三つ葉……………適量（細かく刻む）

作り方

> パスタは1%の塩分濃度でゆでる。

1. フライパンにオリーブオイル、にんにく、唐辛子を入れて弱火で熱し香りを引き出したら、パスタのゆで汁20cc、白だし、塩昆布を加える。

2. 2にゆで上がったパスタを加え、さらに納豆を加えたら軽く和える。皿に盛り付け、仕上げに三つ葉をのせる。

MEMO

納豆は加熱すると大切な納豆菌が死滅してしまうので、一番最後に和えて、軽く温める程度にしましょう。

カニみそ缶とアスパラの和風パスタ

カニみそとにんにくの組み合わせにハマる人が続出

85

使用材料

スパゲティ	80g
カニみそ缶	40g
アスパラガス	2本(3cmの斜め切り)
オリーブオイル	20g
にんにく	1片(潰す)
唐辛子	1本
めんつゆ(ストレート)	10cc
大葉	3枚(せん切り)

作り方

> パスタは1%の塩分濃度でゆでる。

1. オリーブオイルをひいたフライパンににんにく、唐辛子を入れ中火で熱し、香りを引き出したら、カニみそとアスパラガスを加えて1分ほど加熱する。

2. 1にパスタのゆで汁20cc、めんつゆを加えて、ゆで上がったパスタを加えて和えたら、皿に盛り付けて、仕上げに大葉をのせる。

MEMO

みんなから愛されるカニみそですが、「こういう食べ方もありかも!」と新たな扉が開いたような気がしました。

86

明太子とまいたけの和風パスタ

きのこの中でも特にビタミン豊富なまいたけに舌も体も大喜び

使用材料

スパゲティ	80g
明太子	30g（薄皮は取りのぞく）
まいたけ	50g（食べやすい大きさに手で裂く）
オリーブオイル	20g
にんにく	1片（みじん切り）
唐辛子	1本
イタリアンパセリ	適量（みじん切り）
黒胡椒	適量
めんつゆ	20cc（3倍希釈のもの）

作り方

> パスタは1%の塩分濃度でゆでる。

1. 鉄のフライパンでまいたけを乾煎りして、旨味と香りを引き出す。

2. オリーブオイルをひいたフライパンににんにく、唐辛子を入れて中火で熱し、香りを引き出したら、まいたけ、パスタのゆで汁20cc、めんつゆを加える。粗熱がとれたら、明太子を加えて和える。

3. 2にゆで上がったパスタを加えて和えたら、皿に盛り付けて、仕上げにイタリアンパセリを散らす。

POINT

まいたけは焼き目をしっかりとつけると香り高く高級感あふれるパスタに仕上がります。

JAPANESE PASTA

のりとわさびの和風パスタ

どこかで見たことあるけどパスタでは見たことない斬新な組み合わせ

87

使用材料

スパゲティ	80g
焼きのり（有明産）	2枚
わさび（チューブ）	2cm
レモンの皮（国産）	適量
オリーブオイル	20g
にんにく	1片（みじん切り）
唐辛子	1本（輪切り）
醤油	10cc
和風だし（顆粒）	ひとつまみ

作り方

> パスタは1％の塩分濃度でゆでる。

1. オリーブオイルをひいたフライパンににんにく、唐辛子を入れて中火で熱し、香りを引き出したら、醤油を鍋肌に当てながら加えて香ばしさを出す。

2. パスタのゆで汁50ccとのりを加えて、しっかり溶かしたら、和風だしを加える。

3. 2にゆで上がったパスタとわさびを加えて和えたら、皿に盛り付け、仕上げにレモンの皮を散らす。

POINT

のりを軽くあぶってから使用すると、さらに香り高く素敵なパスタに仕上がります。のりは有明産が溶けやすく香りも抜群です。わさびがない場合は、柚子胡椒を使ってもおいしくいただけます。

JAPANESE PASTA

キャベツと青ねぎの和風パスタ

甘いキャベツの奥でほんのり香る柚子胡椒が味の決め手です

88

使用材料

ブカティーニ	80g
キャベツ	2枚
（1枚はせん切りに、もう1枚は半分にカットし軸の部分は刻み、葉の部分はゆでる）	
長ねぎ（青い部分）	5cm
（5mm幅の斜め切り）	
オリーブオイル	20g
にんにく	1片（潰す）
唐辛子	1本
白だし	20cc
柚子胡椒（チューブ）	2cm

作り方

> パスタは1%の塩分濃度でゆでる。同じ湯でキャベツの葉をゆでる。

1 オリーブオイルをひいたフライパンににんにく、唐辛子を入れて中火で熱し、香りを引き出したら、青ねぎ、キャベツのせん切りと軸の部分を入れて2分ほどソテーする。

2 パスタのゆで汁20cc、白だし、柚子胡椒を加えたら、ゆで上がったパスタと和える。

3 皿にパスタを盛りつけたらキッチンペーパーで水気を拭いたキャベツの葉をのせる。

POINT
キャベツの芯は細かくカットして、パスタのアクセントにしましょう。具材が少ないシンプルパスタならではの知恵です。

89

白子とクレソンの和風パスタ

まろやかな白子にクレソンの苦みが強烈なアクセント

使用材料

スパゲティ	80g
白子	50g
（血やぬめりを取りのぞき、湯に一瞬くぐらせたら、2cm幅にカット）	
クレソン	たっぷり
オリーブオイル	20g
にんにく	1片(潰す)
唐辛子	1本
柚子胡椒(チューブ)	2cm
白だし	20cc

作り方

> パスタは1%の塩分濃度でゆでる。

1. オリーブオイルをひいたフライパンににんにく、唐辛子を入れて中火で熱し、香りを引き出したら、白子を加えて適度に崩しながらソテーする。

2. パスタのゆで汁20cc、白だし、柚子胡椒、クレソンひとつかみ（10枝くらい）を加えて、全体を混ぜ合わせる。

3. 2にゆで上がったパスタを加えて和えたら、皿に盛り付けて、仕上げにクレソンをトッピングする。

POINT

白子の湯通しは臭い取りが目的なので、サッとお湯に潜らせるだけで大丈夫です。また、どんな魚の白子を使ってもおいしくいただけます。

JAPANESE PASTA

あん肝と万能ねぎの和風パスタ

日本が誇る海のフォアグラを使ったなんとも贅沢なひと皿

90

使用材料

- スパゲティ……………………………80g
- あん肝……60g(塩小さじ1/2を振っておく)
- 万能ねぎ………………適量(小口切り)
- オリーブオイル………………………20g
- にんにく……………………1片(潰す)
- 唐辛子…………………………………1本
- めんつゆ……………………………20cc
- 粉山椒………………………………適量

作り方

> パスタは1%の塩分濃度でゆでる。

1 オリーブオイルをひいたフライパンににんにく、唐辛子を入れて中火で熱し、香りを引き出したら、あん肝を加えて両面をソテーする。あん肝の一部はトッピング用に取り出す。

2 パスタのゆで汁20cc、めんつゆ、万能ねぎひとつかみを加えたら、木べらなどであん肝を崩しながらひと煮立ちさせる。

3 2にゆで上がったパスタを加えて和えたら、皿に盛り付けて、仕上げにトッピング用のあん肝をのせ、山椒を振りかける。

POINT
あん肝を崩してから煮立てることで旨味がスープに溶け出し、パスタ全体を幸せな香りで満たしてくれます。

CHAPTER 6

ARRANGEMENT PASTA

アレンジパスタ

定番もいいけど、同じものばかり作ってしまうことってありますよね。
「またパスタか」という心の声が聞こえたら、
新しいレシピにチャレンジしてはいかがでしょう。

91

ホタテとセミドライトマトの冷製パスタ

夏じゃなくても食べたくなるのは海の幸の魅力を引き出しているから

ARRANGEMENT PASTA

使用材料

カペッリーニ	80g
殻付きホタテ	1個
(貝柱と貝ヒモに分けて、塩でもみ洗いをしたら水で洗い流す。貝柱は半分にカット、貝ヒモは食べやすい大きさにカット)	
セミドライトマト	5個(半分にカット)
オリーブオイル	20g
にんにく	1片(潰す)
唐辛子	1本
チャービル	1枝
塩	お好みでひとつまみ

作り方

> パスタは1%の塩分濃度で表示時間より2分長くゆでる。

1. オリーブオイルをひいたフライパンににんにく、唐辛子を入れて中火で熱し、香りを引き出したら、ホタテのヒモをソテーする。

2. 弱火にして貝柱、セミドライトマトを加え、軽くソテーしたらボウルに入れ、氷水に当てて冷やしておく。

3. ゆで上がったパスタを氷水で締め、水気をしっかりきってから 2 と和える。皿に盛り付けて、仕上げにチャービルを飾る。お好みで塩を振りかける。

POINT

私たちがよく目にするホタテは貝柱にあたります。ヒモとよばれる部分にも旨味がたっぷり詰まっており、パスタの食材として活躍します。

タイとオレンジのエスニック風パスタ

爽やかなオレンジと強烈な香りのナンプラーは抜群の相性で感動的

92

使用材料

- スパゲティ ……………………… 80g
- タイ ……………… 70g(2cm幅にカット)
- オレンジ ……………………… 1/4個
  (5mm厚さの半月切り)
- オリーブオイル ………………… 20g
- にんにく ………………… 1片(潰す)
- 唐辛子 ……………………………… 1本
- パクチー ……… 1枝(1cm幅のざく切り)
- ナンプラー(ガルム) ………… 小さじ1

作り方

> パスタは1%の塩分濃度でゆでる。

1 小鍋に湯を沸かしたらタイを入れ、弱火で2分加熱し、水気をきっておく。

2 オリーブオイルをひいたフライパンににんにく、唐辛子を入れて弱火で熱し、香りを引き出したら、パスタのゆで汁20cc、ナンプラー、タイ、オレンジを加えて温めておく。

3 2にゆで上がったパスタを合わせたら、皿に盛り付けて、仕上げにパクチーを散らす。

POINT
タイはボイルして火を通すことで、ふんわりとした仕上がりを目指します。やさしい口当たりに仕上げたら、パスタとなじんでくれるでしょう。

豚ロース肉と小エビのカレー風パスタ

93

柔らかな豚肉と小エビ、そしてカレー粉の香りが猛烈に食欲をそそります

使用材料

スパゲティ	80g
オリーブオイル	20g
にんにく	1片（潰す）
唐辛子	1本
豚ロース厚切り肉	50g（2cmの角切り）
小エビ	10個
カレー粉	小さじ½
イタリアンパセリ	1枝（みじん切り）

作り方

パスタは1%の塩分濃度でゆでる。

1. オリーブオイルをひいたフライパンににんにく、唐辛子、カレー粉を入れて中火で熱し、香りが出てきたら豚ロースを加えてソテーする。

2. 肉の色が変わってきたら、小エビも入れてさらにソテーする。

3. 2にゆで上がったパスタを合わせたら、皿に盛り付け、仕上げにイタリアンパセリを散らす。

POINT
カレー粉を適当に入れてしまうと、一気に味のバランスが崩れてしまいます。カレー粉の代わりにクミン、コリアンダーを使ってもエスニック感が増してグッド。

94

マジョリーノ風干し鱈とチャンジャのスープパスタ

旨味をたっぷり含む食材を贅沢に使った間違いないひと皿

使用材料

スパゲティ	80g
チャンジャ	40g
干し鱈	10g(水で戻しておく)
オリーブオイル	20g
ナンプラー	5ml
ミント	適量
ペコリーノロマーノ	10g
塩	適量

作り方

> パスタは1%の塩分濃度でゆでる。

1 フライパンにオリーブオイル、チャンジャ、ナンプラーを入れて中火にかけ、香りと旨味を引き出す。

2 水で戻した干し鱈と、戻し汁を適量加えてひと煮立ちさせる。

3 2にゆで上がったパスタを合わせたら皿に盛り付け、ミントを散らす。仕上げにペコリーノロマーノをすりおろす。

POINT

干し鱈の戻し汁は、意外と塩辛いことがあるので、塩分は様子を見ながら調整してください。

ARRANGEMENT PASTA

マッシュルームとエリンギの
エスニック風パスタ

95

おなじみのきのこをアジアンテイストで仕上げたおしゃれなひと皿

使用材料

スパゲティ	80g
マッシュルーム	5個（半分にカット）
エリンギ	1本（縦4等分に手で裂く）
オリーブオイル	20g
にんにく	1片（潰す）
唐辛子	1本
ライムの皮（国産）	1個分
レモングラス	1本（みじん切り）
こぶみかんの葉	1枚

作り方

> パスタは1%の塩分濃度でゆでる。

1. オリーブオイルをひいたフライパンににんにく、唐辛子を入れて中火で熱し、香りを引き出したらマッシュルームとエリンギを加えて、焼き色をつけるようにソテーする。

2. パスタのゆで汁40cc、レモングラス、こぶみかんの葉を加えて1分加熱したら、こぶみかんの葉は取り出す。

3. 2にゆで上がったパスタを合わせて、皿に盛り付けたら、仕上げにライムの皮をすりおろす。

POINT
きのこ類は焼き色をつけると香ばしくなり、さらに旨味が凝縮されます。焼き色をつける際はあまりいじらず、じっくりと同じ面を焼き付けるといいでしょう。

イタリアンパセリとせりのアーリオオーリオ

96

日伊を代表する香草が食欲を猛烈にかきたてることでしょう

使用材料
- カペッリーニ……………………80g
- イタリアンパセリ…………5〜6枝(茎も含め粗みじん切り)
- せり……………1枝(1cm幅のざく切り)
- オリーブオイル……………………20g
- にんにく……………………1片(潰す)
- 唐辛子……………………………1本

作り方

> パスタは1%の塩分濃度でゆでる。

1. オリーブオイルをひいたフライパンににんにく、唐辛子を入れて弱火で熱し、香りを引き出す。

2. 1にゆで上がったパスタとイタリアンパセリ、せりを加えて、軽く火を通したら、皿に盛り付ける。

POINT
ゆで上がったパスタをフライパンに入れてからはスピード勝負。火が入りすぎると細麺がのびてしまうので、常にパスタの様子をチェックしてください。

97

鶏モモとハマグリのハーブパスタ

肉と魚介、盛りだくさんのハーブでにぎやかな味わいに

ARRANGEMENT PASTA

使用材料

スパゲティ	80g
鶏もも肉	½枚（2cmの角切り）
ハマグリ	5個
オリーブオイル	20g
にんにく	1片（潰す）
唐辛子	1本
こぶみかんの葉	1枚
A　レモングラス	1本（みじん切り）
ライムの皮（国産）	¼個（みじん切り）
パクチー	½枝（みじん切り）
イタリアンパセリ	1枝（みじん切り）

作り方

> パスタは1％の塩分濃度でゆでる。

1 オリーブオイルをひいたフライパンににんにく、唐辛子を入れて中火で熱し、香りが出てきたら鶏もも肉を加えてソテーする。

2 鶏肉に火が通ったらハマグリ、パスタのゆで汁40cc、こぶみかんの葉を加えて、貝の口が開くまでソテーする。ハマグリの身は殻を外して戻し入れておく。

3 2にAのハーブとゆで上がったパスタを合わせる。こぶみかんの葉を取り出してから、皿に盛り付ける。

MEMO

こぶみかんの葉（＝バイマックルー）はトムヤムクンやタイカレーなどに使われる、東南アジア料理でおなじみの柑橘系ハーブです。口いっぱいに広がる強烈な芳香を、ぜひお試しください。

鶏もも肉とアサリのエスニック風パスタ

魚介と鶏肉の旨味たっぷりスープがたまりません

98

使用材料

- スパゲティ …………… 80g
- 鶏もも肉 ………… 1/2枚(3cmの角切り)
- アサリ …………… 10個
- A
  - 唐辛子 …………… 1本
  - ナンプラー …………… 15cc
  - レモン果汁 …………… 15cc
  - レモンの皮(国産)
    ………… 1/2個分(すりおろす)
  - 豆板醤 …………… 10g
  - にんにく …………… 1片(潰す)
  - パクチー …………… 1枝
    (食べやすい大きさにざく切り)
- 塩 …………… 適量

作り方

> パスタは1%の塩分濃度でゆでる。

1. 鍋に水200cc(分量外)とAを入れて沸騰したら、鶏肉とアサリを入れて5分煮込む。

2. 1にゆで上がったパスタ、パクチーを合わせたら、塩で調味し、皿に盛り付ける。

POINT
鶏肉を焼かずにボイルすることで、スープに旨味を閉じ込めます。

キムチとパクチーのコンキリエ

クセが強いふたつの食材がパスタ村で奇跡の邂逅

使用材料

- カペッリーニ ……………………… 80g
- キムチ ……… 50g（食べやすい大きさにカット）
- パクチー ……… 2枝（2cm幅のざく切り）
- オリーブオイル ……………………… 20g
- にんにく ……………………… 1片（潰す）
- 唐辛子 ……………………… 1本

作り方

パスタは1%の塩分濃度でゆでる。

1. オリーブオイルをひいたフライパンににんにく、唐辛子を入れて中火で熱し、香りを引き出したら、パスタのゆで汁10ccを加える。

2. キムチと半量のパクチーを加えて軽く火を通す。

3. 2にゆで上がったパスタを合わせ、皿に盛り付けたら、残りのパクチーを添える。

POINT

簡単なレシピですので、素材の質が味を決めると言ってもいいでしょう。すこし奮発して手作りキムチを使うと極上の味わいになりますが、市販のお手頃なものでも十分においしくいただけます。

100

メロンとフルーツトマトの冷製パスタ

清涼感あふれる食材たちの甘みを唐辛子がキュッと引き締めます

ARRANGEMENT PASTA

使用材料

カペッリーニ	80g
オリーブオイル	20g
にんにく	1片(潰す)
唐辛子	1本
メロン	⅛個(2cmの角切り)
フルーツトマト	2個(4等分にカット)
フレッシュミント	適量
塩	適量

作り方

> パスタは1%の塩分濃度でゆでる。

1 オリーブオイルをひいたフライパンににんにく、唐辛子を入れて弱火で熱し、香りを引き出したらにんにくと唐辛子を取り出す。

2 パスタのゆで汁10ccを加えて火を止め、ボウルに移す。ボウルを氷水に当てて冷やしておく。

3 2が冷えたらメロンとフルーツトマト、ミントの葉5枚程度を加えて混ぜ合わせる。

4 ゆで上がったパスタを氷水で締め、水気をしっかりきって3に加える。塩で調味し、皿に盛り付けたらミントを飾る。

MEMO

冷製パスタでおなじみのカペッリーニ。「細い髪の毛」を意味するパスタは日本のそうめんとほぼ同程度の太さで、加熱するより冷製でいただく料理に適しています。

おわりに

パスタとは
肩の力を抜いて
作るもの

最後までお読みいただき、本当にありがとうございます。レシピ本はこの本で6冊目となりますが、Chef Ropiaの集大成と言ってもいいかもしれません。

実はこの本を出したあとに、イタリア修業に行くことが決まっていて、帰国はまだ未定なんです。

イタリアに行くのは、自分自身が日々発信し、お客様に提供している料理が、どこからやってきたのか、どうやって愛されているのか。その原風景を見たかったからです。百聞は一見しかずと言いますが、自分の料理に説得力を持たせたかったのかもしれません。

本場で本物を感じたい、その気持ちを止めることはできませんでした。

このタイミングでイタリア料理の顔と言えるパスタ本を作ることになったのはきっと何かのご縁なのでしょう。

今回のレシピを作っていて感じたのは、パスタとは身近にある食材を使って発展してきた料理であるということでした。

レシピを作りながらずいぶん悩んだこともありました。その時、自分がいかにこれまでの常識にとらわれていたのか気づいたんです。パスタって本当に自由なもの。そして簡単でおいしい。肩の力を抜いて作るものなんだって改めて気がつくことができました。

今のところ帰国予定は未定ですが、間違いなくパワーアップして帰ってきます。その時にまたお会いできたら嬉しいです。そしてこの本を読んで、今すぐ冷蔵庫を開けてパスタを作りたくなってくれたらそれに勝る幸せはありません。

ということで、また近々お会いしましょう。

Arrivederci!

Chef Ropia

小林諭史 (こばやし あきふみ)

1980年5月15日、長野県生まれ。東京・渋谷のイタリア料理店『Ponte Carbo』オーナーシェフ。同店の経営と並行して、イタリアンのコツをわかりやすく伝えるレシピや、プロの技を惜しみなく公開するYouTubeチャンネル『Chef Ropia料理人の世界』が人気。チャンネル登録者数は現役シェフトップクラスの55万人を超え、総視聴回数は1億7000万回突破。

YouTube	Chef Ropia
X	@ropia515
Instagram	chef_ropia

STAFF

アートディレクション ⋯⋯⋯ 細山田光宣
装丁・本文デザイン ⋯⋯⋯ 鎌内 文、橋本 葵
　　　　　　　　　　　（細山田デザイン事務所）
撮影 ⋯⋯⋯⋯⋯⋯⋯⋯⋯⋯ 市瀬真以
フードスタイリスト ⋯⋯⋯ 佐藤絵理、宮沢史絵
調理アシスタント ⋯⋯⋯⋯ 325、橋本勇人
編集協力 ⋯⋯⋯⋯⋯⋯⋯⋯ キンマサタカ（パンダ舎）
校正 ⋯⋯⋯⋯⋯⋯⋯⋯⋯⋯ 東京出版サービスセンター
編集 ⋯⋯⋯⋯⋯⋯⋯⋯⋯⋯ 小島一平、吉岡 萌（ワニブックス）

具材2種類なのにこんなにおいしい
極上のシンプルパスタ100

2025年1月10日 初版発行

著者	Chef Ropia　小林諭史
発行者	髙橋明男
発行所	株式会社ワニブックス

　　　　〒150-8482
　　　　東京都渋谷区恵比寿4-4-9　えびす大黒ビル
　　　　ワニブックスHP　http://www.wani.co.jp/
　　　　（お問い合わせはメールで受け付けております。
　　　　　HPより「お問い合わせ」へお進みください）
　　　　※内容によりましてはお答えできない場合がございます。

印刷所	大日本印刷株式会社
DTP	有限会社 Sun Creative
製本所	ナショナル製本

落丁本・乱丁本は小社管理部宛にお送りください。送料は小社負担にてお取替えいたします。ただし、古書店等で購入したものに関してはお取替えできません。本書の一部、または全部を無断で複写・複製・転載・公衆送信することは法律で認められた範囲を除いて禁じられています。

ワニブックスHP　http://www.wani.co.jp/
WANI BOOKOUT　http://www.wanibookout.com/
WANI BOOKS NewsCrunch　https://wanibooks-newscrunch.com/

ⒸChef Ropia 2025
ISBN 978-4-8470-7521-6